낮은 자리에
서
보이는
것들

일러두기

본문에 인용한 성경 구절은 대한성서공회에서 펴낸 새번역을 따랐다.
다른 번역본을 인용한 경우 따로 표기하였다.

낮은 자리에서 보이는 것들

구미정

비아토르

차례

여는 말 높은 자리를 욕망하는 세상에 말 걸기 7

1부 | 삶과 죽음을 넘어

유두고 행운이라는 이름을 가졌으나 18
다말 차라리 뒤주에라도 갇혔다면 30
삭개오 비틀린 욕망의 끝자락에서 42
야엘 그 눈물이 강물이 되어 흐를 때 54
삼손 강한 남자 증후군의 전말 66
입다의 딸 삶과 죽음을 가른 암호 78
다니엘과 세 친구 우상화는 죽음이니 90

2부 | 아름다움이 세상을 구원한다

리스바 복수혈전을 멈추라 104
이삭 네가 왜 거기서 나와 116
야곱 남의 발뒤꿈치 잡는 인생 130
요셉 어떤 비극이 닥쳐도 괜찮아 144
나아만의 포로 소녀 사는 것도 순교이니라 158
막달라 마리아 아름다움이 세상을 구원한다 170
호세아 그 섬에 가고 싶다 184

감사의 말 198
주 202

여는 말

높은 자리를 욕망하는 세상에 말 걸기

사람은 진공상태에서 태어나지 않는다. 부잣집에 태어나기도 하고, 가난한 집에 태어나기도 하며, 미국에 태어나기도 하고, 멕시코에 태어나기도 한다. 한 번 보면 잊을 수 없게 눈부신 외모를 타고나기도 하고, 한 번 보면 잊을 수 없게 흉측한 외모를 타고나기도 하며, 한 번 보고도 전부 아는 좋은 머리를 갖고 태어나기도 하고, 한 번 봐서는 전혀 모르는 나쁜 머리를 갖고 태어나기도 한다.

출발부터 높낮이가 정해진다. '높다, 낮다'는 가치 평가는 자연의 기준이 아니다. 자연은 받아들일 뿐 판단하지 않는다. 사회가 높고 낮음에 값을 매길 뿐이다. 부자는 높고, 가난한 자는 낮다. 봉준호 감독은 영화 〈기생충〉(2019)에서 계단을 올라가는 부잣집과 계단을 내려가는 가난한 집을 끊임없이 대조시키는 방식으로 시각화해 계급사회를 조롱했다. 미국 사람은 높고, 멕시코 사람은 낮다. 트럼프 대통령이 멕시코 장벽을 높이 세우고 불법 이민자들을 축출하는 데 열을 올리는 건 미국의 오만함의 극치다. 데미 무어의 재발견이라는 수식어가 아깝지 않은 영화 〈서브스턴스〉(2024)는 소비자본주의 세상에서 외모의 자산 가치를 냉소적으로 역설한다. 지능지수, 수능 점수, 아파트 평수, 연봉으로 사람을 평가하는 우리 사회의 숫자우상주의는 신물 나게 지겹다.

1776년 7월 4일 필라델피아에서 미국 독립선언문이 발표됐다. 그때까지도 영국 식민지였던 13개 주 지역 주민들은 자신들이 더는 영국 왕의 신민이 아니라고 선포했다. 말하자면 전쟁을 선포한 것이다. 전쟁의 명분으로는 '평등'이 제시됐다. 미국 독립선언문은 이렇게 시작한다.

> 우리는 다음의 진리가 자명하다고 믿는다. 모든 사람은 평등하게 창조되었으며, 모든 사람은 창조주에게 생명, 자유, 행복의 추구를 포함하는 양도 불가능

한 권리를 부여받았다.

이 선언은 가짜다. "모든 사람"에 '백인 앵글로-색슨 개신교도WASP'가 아닌 사람은 들어 있지 않다. 흑인이 백인과 평등해지는 일은 아마도 이 세상 끝날까지 없을 것이다. '날 때부터 평등'하지 않다는 걸 인정하기에 대한민국헌법은 '법 앞에 평등'을 외친다. "모든 국민은 법 앞에 평등하다. 누구든지 성·종교 또는 사회적 신분에 의하여 정치적·경제적·사회적·문화적 생활의 모든 영역에 있어서 차별을 받지 아니한다"(제11조 1항). 하지만 '법 앞에 평등' 역시 가짜라는 걸 우리의 경험이 말해 준다. 유전무죄 무전유죄有錢無罪 無錢有罪라, 법의 그물코는 높은 사람에게 한없이 관대하고, 낮은 사람에게 끝없이 잔인하다.

그래서 다들 높아지려고 기를 쓴다. 하늘에 닿을 만큼 높다란 건물을 짓고 그 안에 모여 산다. 〈아파트〉가 국민가요 대접을 받는 나라는 우리나라밖에 없을 것이다. 윤수일을 넘어 로제와 브루노 마스까지 〈아파트〉를 열창하니 온 세계가 따라 부른다. 아파트는 집이 아니라 부동산이다. 가족의 서사는 담지 못하고 자본의 서사만 흐른다. 바벨탑은 성경 속 가상현실이 아니다. 우리 내면에 똬리를 틀고 있는 히드라 같은 욕망이다.

겨우 다스렸다 싶으면 이내 자라나는 삿된 욕망을 똑바로 바라보면서 스스로 낮은 자리를 향해 걷고 또 걸은 한 사람이 떠오른다. 사람들이 부러워하는 예일대와 하버드대 교수 자리를 내려놓고 지적 장애인 공동체로 유명한 라르쉬 캐나다 지부 '데이브레이크 Daybreak'에서 평생을 보낸 헨리 나우웬 신부다. 그 길이 어찌 직선이었을까? '예일과 하버드', '하버드와 라르쉬' 사이에 쉼표를 찍어야 한다. 그 쉼표마다 무수한 갈등과 번민이 서려 있다.

그의 길을 지며리 따라가 봐야겠다. 헨리 나우웬은 원래 네덜란드 사람이다. 네덜란드에서 공부해 미국의 '명문' 예일대 종신교수가 되었다. 여기까지만 보면 소위 성공한 삶이다. 세인의 관성은 성공의 사다리를 타고 올라가도록 설계되어 있지, 내려가는 법을 모른다. 내려가는 건 '추락', '죽음'이라는 단어로 설명된다. 일단 사다리의 맨 꼭대기에 올라섰으면 종신토록 그 자리에 앉아 성공이 주는 달콤한 보상을 즐기면 그만이다. 경쟁에서 살아남은 자, 곧 승리자에게 주어지는 박수갈채는 또 얼마나 중독성이 강한가?

하지만 1981년에 그는 돌연 예일대를 떠났다. 그의 발길은 페루의 빈민가를 향했다. 그러다 1983년 하버드대의 부름을 받았고, 그는 응했다. 그리하여 하버드에 뼈를 묻었다면, 그의 남미행은 기껏해야 성공한 사람의 '미담'으로 소비되었을 것이다. 물론 우리 사회에서는 그 정도만 해도 괜찮은 사람 축에 들어간다. '미담 따위는 개나 줘 버려' 하며, 다들 아등바등 움켜쥔 채 서로를 할퀴며 전쟁 같은 하루를 보내고 있지 않은가?

한데 그의 하버드 생활은 길지 않았다. 1983년 프랑스의 라르쉬 공동체에서 몇 달 머물던 중, 렘브란트가 그린 〈탕자의 귀향〉 포스터를 우연히 본 게 발단이다. 허만하 시인의 시구는 이럴 때 제격이다. "보아야 할/ 사랑의 대상이 밖에 있기 때문에/ 눈이 생겨났다.//… // 뜨거운 사랑의 시선이 머물렀던/ 바깥은/ 달려와서 나의 내부가 된다"(허만하, 〈눈의 발생〉).

렘브란트의 〈탕자의 귀향〉은 헨리 나우웬의 내부로 들어와 《탕자의 귀향》[1]이 되었다. 기나긴 떠돌이 생활에 완전히 탈진한 아들이 바로 그였다. 이 그림과 만난 지 2년 만에 그는 하버드 교수 자리를 내려놓고,

토론토의 라르쉬 공동체 데이브레이크로 들어간다. 지적 장애인들과 어울려 사는 그곳이 그가 남은 생을 보내기 위해 선택한 집이다. 아니다, 고쳐 말해야 한다. 이 새로운 집은 그가 남은 생을 보내도록 하나님이 선물하신 집이다.

하나님의 선물은 언제나 우리의 기대를 넘어선다. 《데이브레이크로 가는 길》[2]은 화려한 수사로 포장된 길이 아니었다. 하버드라는 이름값에 얹어진 '아우라'를 포기해야 한다. 그동안 높은 자리에서 누렸던 사회적 명성과 경제적 안정을 더는 기대할 수 없다. 기왕 버릴 작정이면 자기를 영웅처럼 묘사할 법도 한데, 그는 이 유혹마저 뿌리친다. 불안하고 두려워서 망설이는 자기 자신을 솔직히 노출한다. 나는 이래서 그가 좋다. 그 앞에 서면 나의 위선이 여지없이 탄로 난다. 이 부끄러움이 성장의 동력이라고 나는 믿는다.

이제 다시 1981년 어간으로 되돌아가 보자. 지천명이 가까운 나이에 그는 왜 남미로 갔을까? 단서가 《세상의 길 그리스도의 길》[3]에 들어 있다. 그때부터 이미 그는 '하향성'의 삶을 고민했다. 예수의 손가락은 낮아지는 길을 집요하게 가리키셨다마 10:24, 20:26-28. "제자란 낮아지는 길을 가시는 예수님을 따라 그분과 함께 새로운 삶에 들어가는 사람입니다. 복음은 상승 지향의 사회를 지탱하고 있는 기본 전제를 근본적으로 전복시킵니다. 이것은 충돌을 야기하는 동시에 사회를 뒤흔드는 도전입니다."[4]

'승자독식'이 진리로 유통되는 사회에서 성공의 사다리 밑바닥에 자리한 사람들은 실패한 낙오자로 낙인찍힌다. 그들이 나락으로 떨어진 건 노력하지 않았기 때문이라고 매도된다. 남들이 노력하는 동안, 그는 그만큼 노력하지 않아서 못 사는 것이므로, 그에게 닥친 불행은 고스란히 그 자신이 책임져야 한다는 '각자도생'의 신화가 판을 친다. 교회마저도 구원을 '개인화'한다. 이웃의 고통은 아랑곳없이 자기(그리고 가족)만 잘 살기를 바란다. 그런 욕망조차 믿음으로 포장하면서 성공을 하나님의 축복으로 둔갑시킨다. "상향성이라는 우상숭배"[5]는 어느덧 시대의 정언명령이 되었다.

이 책 《낮은 자리에서 보이는 것들》은 그런 시대정신에 물음표를 붙여 보려는 시도다. 성경에서 하나님과 만난 사람들은 하나같이 '낮은 자리'에 처한 사람들이다. 하나님은 세상이 보기에 형편없이 약한 사람들,

상처 입고 벌거벗은 사람들, 흠 많고 보잘것없는 사람들을 택해 구원의 역사를 펼치신다. 이집트 제국에서 종살이하던 사람들을 자신의 백성으로 삼으시고, 로마 제국의 식민지로 전락한 유대 땅, 그것도 예루살렘이 아닌 갈릴리 변방의 촌부를 그리스도의 어머니가 되게 하셨다. 하나님 자신이 전적으로 자기를 낮추어 우리 가운데 사셨을 뿐만 아니라 그 생의 마지막마저 수치와 모욕에 내맡기셨다.

그 길은 사람의 관성에 맞지 않는다. 헨리 나우웬이 꿰뚫어 보았듯이, "낮아지는 길은 하나님의 길이지 우리의 길이 아"닙니다.[6] 우리의 자연감성은 시대정신을 거역하기 힘들다. 내려가고 낮아지고 조롱받고 손가락질당하는 건 실패와 저주라고 여겨진다. 그래서 은총에 기대야 한다. 낮은 자리가 꽃자리임을 알아차리려면, 말 그대로 성령을 받아야 한다. 거룩한 영이 우리 눈을 밝혀, 자기가 빛임을 깨달아야 어둠을 이길 수 있다. 빛은 다른 존재 방식을 알지 못한다. 빛으로 사는 길 외에 다른 길은 없다.

주님께서 당신들을 낮추시고 굶기시다가, 당신들도

알지 못하고 당신들의 조상도 알지 못하는 만나를 먹이셨는데, 이것은, 사람이 먹는 것으로만 사는 것이 아니라 주님의 입에서 나오는 모든 말씀으로 산다는 것을, 당신들에게 알려 주시려는 것이었습니다 신 8:3.

여러분 안에 이 마음을 품으십시오. 그것은 곧 그리스도 예수의 마음이기도 합니다. 그는 하나님의 모습을 지니셨으나, 하나님과 동등함을 당연하게 생각하지 않으시고, 오히려 자기를 비워서 종의 모습을 취하시고, 사람과 같이 되셨습니다. 그는 사람의 모양으로 나타나셔서, 자기를 낮추시고, 죽기까지 순종하셨으니, 곧 십자가에 죽기까지 하셨습니다 빌 2:5-8.

2025년 4월
화성에 자리한 이은교회 서재에서
구미정

1부

삶과 죽음을 넘어

유두고

행운이라는 이름을
가졌으나

노동자가 뿔났다

　　엄마가 뿔났다. 가만히 있으니 '가마니'인 줄 안다. 보고만 있으니 '보자기'인 줄 안다. 엄마도 사람이라고 아무리 외쳐 봐야 누구 하나 거들떠보지 않는다. 배 아파 낳은 아들딸은 어미를 종처럼 부리고, 믿었던 남편은 꼭 필요할 때 '남의 편'이 된다. 이러다가는 몸과 마음에 골병이 들겠다. 그럴 때 엄마가 꺼내는 비장의 카드가 파업이다. 살림을 작파한다. 돌봄을 중단한다. 집을 나간다. 그제야 남은 식구들이 비로소 엄마의 존재를 의식한다. 그동안 엄마가 이름 없이 빛도 없이 수행해 온 '그림자 노동'의 가치를 인식한다.[1] 어떻게 하면 엄마가 덜 고생하고 더 행복할 수 있을까 고민한다.

파업은 결국 다 같이 사이좋게 살자고 하는 거다. 공동체가 유지되기 위한 과정의 하나다. 모든 노동자는 사회 구성원 전체에게 자신의 존재를 다시금 각인시키고 자신이 하는 일의 가치를 널리 알리기 위해 파업할 권리가 있다. 더러는 침묵하라고 강요하지만, 그건 폭력이다. 더러는 불편하다고 불평하지만, 그건 이기심이다. 자기 한 몸 편하려고 남의 희생을 모른 체해선 안 된다. 누구라도 다른 사람을 단지 수단으로 이용하면 안 된다. 인간 사회의 황금률이다. "너희는 남에게 대접을 받고자 하는 대로 남을 대접하여라"눅 6:31.

2022년 11월 화물연대가 파업에 돌입하자 물류 운송에 차질이 생겼다. 주로 건설 분야에서 볼멘소리가 터져 나왔다. 윤석열 정부는 이 파업으로 인해 주요 산업의 손실액이 3조 5천억 원 발생했다고 발표했다. 사상 초유의 '업무개시 명령'까지 내렸다. 당장 일터로 복

귀하지 않으면 면허정지나 취소, 징역이나 벌금형을 내린다는 선전포고다. 이로써 정부의 관심이 온통 '생명보다 돈'에 쏠려 있음을 가시화했다. 하지만 '깨어 있는 시민'은 속지 않는다. 오죽하면 파업하겠나, 공감하고 연대한다. '안전운임제'를 법제화하라는 화물차 운전자들의 주장에 힘을 실어 준다. 무릇 시민이란 공공성에 투신하기로 결단한 사람이므로. 더불어 사는 세상을 열어 가기 위해 기꺼이 욕망의 문턱을 넘었으므로.

드로아에 생겨난 '모임'

'유두고Eutychus'라는 이름은 성경 전체에서 딱 한 번, 사도행전 20장 9절에 등장한다. 바울이 드로아Troas에 머물며 강론하는 장면이다. 소아시아 북서쪽에 자리한 드로아는 '관통'이라는 뜻 그대로 아시아와 유럽을 잇는 항구 도시다. '트로이 목마'로 유명한 트로이Troy에서 남쪽으로 25킬로미터 지점에 있는데, 정식 명칭은 '콜로니아 알렉산드리아 아우구스타 드로아Colonia Alexandria Augusta Troas'다.

이름에서 알 수 있듯이, 식민제국주의 역사가 고스란히 배어 있는 도시다. 알렉산더 대왕에게 정복당해 '알렉산드리아 드로아'가 되었다가 아우구스투스 황제가 다스리던 시대에 로마제국의 식민도시로 탈바꿈했다. 로마제국의 전형적인 상징물인 신전, 극장, 목욕탕은 물론이고, 트라야누스 황제가 만든 도수교導水橋까지 있었다. 소아시아의 수도인 에베소보다 훨씬 번화했다.

바울이 이 도시 드로아에 왔다. 이번 방문이 처음은 아니다. 앞서 사도행전 16장 8절에 "무시아Mysia를 지나서 드로아에 이르렀다"는 기록이 나온다. 한데 그날 밤에 환상을 보았다. 마케도니아 사람 하나가 손짓을 하며 이리 건너와서 우리를 도와 달라고 요청한다. 그 환상을 본 뒤에 바울 일행은 곧 마케도니아로 건너갔다. "드로아에서 배로 떠나서, 사모드라게로 직행하여, 이튿날 네압볼리로 갔고, 거기에서 빌립보에 이르렀다. 빌립보는 마케도니아 지방에서 으뜸가는 도시요, 로마 식민지였다"행 16:11-12. 그렇게 "석 달을" 지내고 "배를 타고 빌립보를 떠나, 닷새 만에 드로아에 이르러, … 이레 동안을 지냈다"행 20:3-6.

거기서 유두고를 만난다. 배경은 이렇다. "주간

의 첫날에, 우리는 빵을 떼려고 모였다. 바울은 그다음 날 떠나기로 되어 있어서 신도들에게 강론을 하는데, 강론이 밤이 깊도록 계속되었다"행 20:7. 예배가 끝나자마자 썰물 빠지듯 꽁무니를 빼는 요즘 신도들에게는 생경한 그림이 아닐 수 없다. 아마도 초대교회 예배는 예수의 부활을 기념하기 위해 새벽부터 시작되었을 것이다. 아직은 오늘날과 같은 공식 예배처소가 제도화되기 전이므로, 형편껏 가정집에서 모였다. 예배 때마다 성찬이 베풀어졌으니, 굶주린 과부나 고아, 노예들에게는 끼니를 해결하는 방편이 되기도 했다.

모임(말 그대로 '에클레시아')이 열리고 있는 '위층 방'에 등불이 환하게 켜졌다행 20:8. 상상컨대, 3층 집이라면 '빌라'에 해당할 테다. 인심 좋은 주인이 '위층 방'을 모임 장소로 제공했나 보다. 내일이면 바울은 이 도시를 떠난다. 밤이 깊도록 강론이 계속되는데도 자리를 뜨는 사람이 없다. 그가 있는 동안에 한 말씀이라도 더 듣고 싶은 신도들의 열망이 공간을 가득 채운다. 이렇게 다들 시간 가는 줄 모르고 말씀에 취해 있는 사이에 '사건'이 벌어진다. "유두고라는 청년이 창문에 걸터앉아 있다가, 바울의 말이 오랫동안 계속되므로, 졸음을 이기지 못하고 몹시 졸다가 삼 층에서 떨어졌다. 사람들이 일으켜 보니, 죽어 있었다"^{행 20:9}.

유두고가 앉은 '자리'

대형참사가 일어났다. 이 무슨 '은혜 떨어지는' 사고란 말인가? 그것도 예배 도중에! 어쩌자고 그 청년은 저리 위험한 곳에 자리를 잡았나? 게다가 졸기는 왜 또 조는가? 청년에게는 안 됐지만, 이 사고의 책임은 전적으로 청년 자신에게 있다. 집주인은 무고하다. 바울도 아무런 책임이 없다. 누구도 청년에게 그 자리를 할당한 적이 없다. 순전히 청년의 잘못이다. 그가 불운해서 당한 일이다.

환청처럼 들리는 이런 소리가 낯설지 않다. 피해자를 두 번 세 번 죽이는 일은 지금도 비일비재하다. 그러나 '깨시민'은 그럴 수 없다. 청년이 왜 그토록 위험한 자리에 앉을 수밖에 없었는지 질문한다. 일찌감치 도착했다면 좋은 자리를 선점했을 것이다. 늦게 왔기에 그 자리밖에 없었다. 왜 늦었을까?

사도행전 20장을 담은 성경 삽화, 1928

●

온종일 일하다 느지막이 '모임'에 달려온 유두고. 피곤함과 졸음을 이기지 못해 낙상사고로 죽고 만다. 그 죽음의 자리는 부활을 경험하는 자리가 된다.

그의 이름이 단서다. '유두고'는 '행운'(또는 행운아)이라는 뜻이다. 이 이름은 당시 노예들의 전유물이었다. 노예로 태어났거나 빚에 쪼들려 노예로 팔린 이들에게 이런 이름이 많았다. 이름은 대개 타자에 의해 주어진다. 노예의 경우에는 주인이 이름을 하사한다. '행운'이라는 이름은 노예를 살 여력이 있는 자본가의 욕망과 노예제도에 기반해 부를 축적하는 봉건국가의 열망을 대변할 뿐, 노예 자신의 의지와는 전혀 상관이 없다.[2]

고대 그리스인들에게 노동은 저주의 상징이었다. 《일리아스》와 《오디세이아》의 작가로 유명한 호메로스는 노동을 가리켜 "인간을 미워한 신이 앙심을 품고 인간을 고생시키기 위해 만들어 낸 행위"라고 정의할 정도였다.[3] 노동을 이리 격하한 결정적인 이유는 고대 그리스가 노예제 사회였기 때문이다. 노예제 사회에서 노동은 전적으로 노예의 몫이지 자유인의 몫이 아니었다.[4] 철학자 아리스토텔레스도 인간 활동은 필연의 영역인 노동보다는 자유의 영역인 여가를 종착점으로 간주해야 한다고 생각했다.

그러니까 유두고는 주일에도 쉬지 않는 욕심 사

나운 주인 밑에서 온종일 일하다 느지막이 모임/에클레시아에 달려온 것이다. 내일이면 떠나게 될 바울 선생의 마지막 부흥회를 놓치지 않으려고 피곤한 몸을 이끌고 왔다. 하지만 마음은 원이로되 육신이 약하여 천근만근 쏟아지는 졸음을 이겨 낼 도리가 없었다. 그래서 졸다가 낙상사고를 당해 죽고 말았다.

낮은 자리에서 만나는 하늘

그가 앉은 자리를 다시 돌아본다. 3층 창문에 걸터앉았으니 물리적으로는 높은 자리였을지 몰라도 내막은 그렇지 않다. 하늘 높이 솟은 첨탑이나 타워크레인 위에서 고공농성을 하는 노동자를 떠올려 보라. 그 자리야말로 세상에서 가장 낮은 자리다. 현존 질서로부터 하염없이 떠밀린 자리, 사람으로 태어나 사람답게 살 수 있는 권리와 조건이 거세된 자리, 세상도 돌보지 않기에 하나님이 보살펴 주시는 자리.

부활의 기적은 이 자리에서 일어난다. 낮은 자리에 하늘이 임한다. 바울이 뛰어 내려가 자기 몸을 엎드려 그를 끌어안는다 행 20:10. 그는 다시 살아나고, 모임은 계속 이어진다. "날이 새도록 오래 이야기" 행 20:11가 펼쳐진다. 어떤 이야기였을까? 아침이 되어 바울이 떠나자 "사람들은 그 살아난 청년을 집으로 데리고 갔다. 그래서 그들은 적지 않게 위로를 받았다" 행 20:12. 대부분 노예 신분이었을 그들은 어떤 위로를 받았을까?

그날 이후로 그들이 하는 노동의 '내용'이 크게 달라지지는 않았을 것이다. 하지만 노동의 '의미'만큼은 달라졌으리라. 그동안 자기를 '근로자'로 알던 이들이 이제 '노동자'라는 자의식에 눈뜨지 않았을까? 사회학적 개념으로 근로자는 '고용된 사람'(협의)이고, 노동자는 '일하는 사람'(광의), 나아가 '일을 통해 무언가를 생산함으로써 자기를 실현하는 사람'이다. 드로아와 마찬가지로 식민지배를 겪은 우리 역사의 맥락에서 근로자는 일본제국의 '근로정신대'와 직결된다. 일제는 이 땅의 유두고들을 호되게 부려먹으면서 '시키는 대로 고분고분 일하되 부지런히 하라'는 의미로 '근로자' 의식을 주입했다.[5]

로마의 식민도시 드로아의 한 에클레시아에서 바울의 이야기에 흠뻑 취했던 청중들은 드디어 잠에서

깨어났다. 자신의 노동을 통해 세상에 이로운 것들을 생산해 내는 노동자야말로 정녕 역사의 주체임을 자각했다. 반대로 노동자의 고혈을 빨아 제 배를 불리는 자본가야말로 진정 가련한 '기생충'임을 알게 됐다. 어쩌면 스스로 노동자-되기를 결단한 바울이 드로아의 유두고들에게 전한 위로는 그것 아니었을까? 하나님은 노예(히브리)의 하나님이라는 진리, 예수가 가르친바, "내 아버지께서 이제까지 일하고 계시니, 나도 일한다" 요 5:17 는 평범한 복음이 그들의 영혼을 뒤흔들지 않았을까?

어느덧 귀족화된 이 땅의 개신교는 이 복음을 잃어버렸다.[6] 좀비처럼 팔다리가 꺾이고 신체가 훼손된 채 죽어서도 눈을 감지 못하는 이 땅의 유두고들은 어디서 위로를 받아야 할까? 댓글 시인 제페토의 시에 가수 하림이 멜로디를 더한 처연한 진혼곡을 듣는다. 오늘은 이 노래가 바울의 기도다.

> 광염狂焰에 청년이 사그라졌다
> 그 쇳물 쓰지 마라
> 자동차를 만들지도 말 것이며

철근도 만들지 마라

가로등도 만들지 말 것이며

못을 만들지도 말 것이며

바늘도 만들지 마라

모두 한이고 눈물인데 어떻게 쓰나

그 쇳물 쓰지 말고

맘씨 좋은 조각가 불러

살았을 적 얼굴 찰흙으로 빚고

쇳물 부어 빗물에 식거든

정성으로 다듬어

정문 앞에 세워 두게

가끔 엄마 찾아와

내 새끼 얼굴 한번 만져 보게

_〈그 쇳물 쓰지 마라〉*

● 제페토 작사, 하림 작곡, 하림 노래

차라리 뒤주에라도
갇혔다면

'육량남' 다윗

유대민족에게 다윗은 각별하다. 오늘날 이스라엘 국기에도 '다윗의 별'이 새겨져 있다. 육각형 모양의 이 별은 '다윗의 방패'를 상징한다. 사울에 이어 이스라엘 왕국의 두 번째 왕이 된 다윗은 "하나님의 마음에 드는 사람"삼상 13:14; 시 89:20; 13:22행으로 일컬어진다. (옛 번역에서는 '하나님의 마음에 합한 사람'으로 옮겼다.) 그는 열두 지파를 결집해 강력한 통일왕국을 일구었다. 취약했던 이스라엘을 보란 듯이 강대국으로 변신시켰다. 유대민족에게 다윗이라는 이름은 고개를 곧추들게 하는 자부심의 근거다.

그러나 다윗의 삶이 마냥 평탄하지 않았다는 건 수많은 시편이 입증한다. 일찍 피어 버린 탓에 시샘이 많았다. 사울 왕의 딸 미갈과 결혼했음에도, 장인의 시기와 분노 때문에 도망자 신세가 되었다. 상황이 이러니, 둘 사이에 자식이 있을 리 만무다. 부부관계가 원만했다면 다음 왕위는 무난히 미갈의 아들에게 돌아갔을 테지만, 역사는 그리 흘러가지 않았다. 미갈은 아버지 사울과 남편 다윗의 정적政敵 싸움에 애꿎은 희생제물이 되고 말았다.[1]

왕자들의 서열 경쟁

다윗 왕에게 첫아들을 안겨 준 건 미갈이 아니라 아히노암이었다. 이 여성은 누구인가? 고대 가부장제 사회에서 여성은 남성을 매개로 명명되는 게 상례였다.

밧세바가 '엘리암의 딸'이자 '우리야의 아내'삼하 11:3로 불린 게 그 보기다. 한데 아히노암은 그런 식으로 불리지 않는다. 항상 '이스르엘 여인'삼상 25:43, 30:5; 삼하 3:2; 대상 3:1이라는 수식어를 달고 등장한다. 쓸 만한 '부모 찬스'가 없다는 뜻일까?

　　성서 저자가 특정 지역명으로 아무개를 지칭할 때는 그 지역이 변방일 확률이 높다. 이를테면 예수가 '갈릴리 사람'이라는 말은 예루살렘 출신이 아니라는 뜻이다. 요즘 식으로 하면 '촌뜨기'쯤 되려나? 밧세바의 남편 우리야도 마찬가지다. 그는 언제나 '헷 사람'삼하 11:3으로 호명된다. 이방인임을 강조하는 의미다. 그렇다면 '이스르엘 여인'이라는 말은 어떤가? 이스르엘은 이스라엘 북동쪽 갈릴리 산지와 다볼산 그리고 남서쪽 사마리아 산지 사이에 놓인 평야다. 훗날 남북 왕조 시절에는 천하의 악녀이자 아합 왕의 아내였던 이세벨이 그 자리에서 개들에게 뜯겨 죽었다. 저주받은 성읍인 셈이다.

　　이스르엘이라는 지명에서는 비주류 냄새가 풍긴다. 한데 다윗 왕의 맏아들이 하필이면 이스르엘 출신의 아히노암에게서 태어났다. 왕자들의 난이 일어날 게 뻔하다. 모계 혈통이 빵빵한 왕자들이 가만히 두고

32

보지 않을 것이다. 특히 마아가의 아들 압살롬이 견제 대상 1호로 꼽힐 만했다. 마아가로 말하면, "그술 왕 달매"의 딸이다 대상 3:2. 다윗이 세력을 키우기 위해 정략적으로 결혼한 여인이다. 그런 모친의 후광을 입고, 이른바 '셋째 아들'로 태어난 압살롬은, 신화 속 모든 '셋째'가 그렇듯이 우월한 유전자를 자랑했다. "온 이스라엘에, 압살롬처럼, 머리끝에서 발끝까지 흠잡을 데가 하나도 없는 미남은 없다고, 칭찬이 자자하였다"삼하 14:25.

설령 그렇다 해도 장자의 지위는 범접하기 어렵다. 그가 암논이다. 우연히 다윗 왕의 장자로 태어나는 특권을 누렸다. 성서에서 암논이라는 이름은 자신의 이복누이 다말을 성폭행한 사건에서 잠시 언급될 뿐이다. 그것 말고는 딱히 업적은 고사하고 흔적조차 없다. 다말은 하필 압살롬의 친누이였다. 압살롬은 이 사건을 계기로 암논을 제거할 계략을 꾸민다. 누이를 위해 벌인 복수극인 양 포장했지만, 그러기에는 시차가 너무 크다. 정말 복수가 목적이었다면, 사건 직후에 일을 꾸미지 않았겠나? 압살롬이 암논을 청부 살해하기까지 2년이라는 긴 시간이 소요되었다. 치밀하게 정치적 야심을 키우며 칼을 갈았다는 소리다삼하 13:23 참고.

그건 사랑이 아니다

압살롬에 비하면 암논은 단순무식하다. 다말을 성폭행한 이유가 압살롬에 대한 선전포고였을까 생각해 보다가도 이내 고개를 젓게 된다. 그는 그 정도 머리조차 없다. 그저 자기 욕망에만 충실한 사람이다. 눈앞의 먹잇감을 찾아 불나방처럼 돌진한다. 어쩌다 이 모양이 되었을까? 자리 때문이다. 어릴 때부터 사람들이 떠받들어 주는 데 이골이 났다. 세상이 자기 발아래 있는 듯 여겨졌다. 그러면 선을 넘기 쉽다. 신앙이고 도덕이고 간단히 무시하게 된다. 해서는 안 될 짓도 아무렇지 않게 저지를 수 있다.

성서는 암논이 다말을 '사랑'하였다고 말한다 삼하 13:1. 하지만 여기 사용된 히브리어 '아헤브'는 무척 애매한 단어다. 이스라엘을 향한 하나님의 신실한 사랑을 가리키기도 하지만, 게으름뱅이가 잠자기를 좋아하는 것, 먹기를 탐하는 것 혹은 잘못된 애정행각이나 우상숭배를 나타내기도 한다.[2] 심각한 문제는 암논의 감정이 일방통행이라는 점이다. 성서는 다말의 마음을 고려하지 않는다. 여성이 주어가 될 수 없던 시대의 한계다.

암논 곁에는 요나답이라는 친구가 있었다. 다윗의 형 시므아의 아들이다. 그의 인물됨은 한마디로 집약된다. "아주 교활한 인물이었다"삼하 13:3. 이로써 그들의 '우정'이 어떤 성격인지를 가늠할 수 있다. 죽어도 왕이 될 수 없는 요나답으로서는 왕좌에 가장 가까이 있는 암논과 친하게 지내는 게 권력에 기생할 수 있는 지름길이었으리라.

요나답은 암논의 마음을 알아챘다. 진정한 친구라면 이럴 때 뜯어말려야 한다. 그건 사랑이 아니라 욕정이라고, 그 길로 가면 망한다고 말해 주어야 한다. 하지만 요나답은 그런 인물이 아니다. 친구라기보다는 간신배에 가깝다. 암논의 욕망에 제동을 거는 대신에 기름을 붓는다. "왕자님은 침상에 누워서, 병이 든 체하십시오. 부왕께서 문병하러 오시면, 누이 다말을 보내 달라고 하십시오. 누이 다말이 와서 왕자님이 드실 음식을 요리하게 하면 좋겠다고 말씀하십시오. 다말이 왕자님 앞에서 음식을 요리하면, 왕자님이 그것을 보면서, 그의 손에서 직접 받아 먹고 싶다고 말씀드리십시오"삼하 13:5.

각본이 짜였다. 암논의 연기에 다윗이 깜빡 속았

게르치노, <암논과 다말>, 1649

●

암논의 욕망과 요나답의 계략, 그리고 다윗의 무관심 때문에 다말이 희생됐다. 그녀는 용기 있게 자신의 치부를 드러내지만, 이 고발마저도 압살롬의 정치적 야망에 의해 침묵당한다.

다. 다윗은 암논의 무리한 요청을 쉽게 들어주었다. 이 대목에서 다윗의 역할이 못내 아쉽다. 궁궐 수라간을 맡은 솜씨 좋은 요리사도 많은데 굳이 누이를 부를 일이 뭐 있냐고 야단쳤으면 좋았겠다. 아니, 남매끼리 그 정도 정은 나눌 수 있다고 치자. '제가 보는 앞에서 요리한 걸 직접 먹여 주게' 해 달라는 요청삼하13:6은 너무 심하지 않은가, 의심했어야 한다. 이건 뭐 관음증 환자도 아니고, 딱 봐도 변태스러운 요구니까. 하지만 다윗은 전혀 그러지 않는다. 아무래도 눈이 흐려진 모양이다. 그렇게 다말은 다윗의 "지시"삼하 13:7에 따라 암논의 거처로 갔다. 그곳에서 아버지가 시키는 대로 이복오빠를 위해 손수 빵을 구웠다. 그러고는 이복오빠에게 성폭력을 당했다.

그 방에서 나오라

공주 다말은 용감했다. "이렇게 하지 마십시오, 오라버니! 이스라엘에는 이러한 법이 없습니다. 제발 나에게 욕을 보이지 마십시오. 제발 이런 악한 일을 저지르지 말아 주십시오"삼하 13:12. 분명히 거부 의사를 밝혔다. 나아가 자기를 욕보이면 "이스라엘에서 아주 정신 빠진 사람"삼하 13:13 취급을 받을 것이고, 그리하면 백성의 신임을 잃을 것이므로, 차라리 아버지를 설득해 결혼을 승낙받으라고 제안했다. 오늘 우리의 윤리 감각에는 맞지 않으나, 성서세계에서는 아브라함의 선례창 12:20 참고가 있으니 불가능한 일도 아니었다. 하지만 암논은 이미 이성을 잃은 상태였다. "다말이 이렇게까지 말하는데도, 암논은 다말이 애원하는 소리를 들으려고 하지도 않고, 오히려 더 센 힘으로 그를 눌혀서, 억지로 욕을 보였다"삼하 13:14.

    암논의 '사랑'이 단순히 욕정이었음은 다음 행위로 명확해진다. "그렇게 욕을 보이고 나니, 암논은 갑자기 다말이 몹시도 미워졌다. 이제 미워하는 마음이 기왕에 사랑하던 사랑보다 더하였다. 암논이 그에게, 당장 일어나 나가라고, 소리를 버럭 질렀다"삼하 13:15. 모욕이다. 사람을 이리 하찮게 대하면 분노가 일어난다. 다말은 부르짖었다. "그렇게 하시면 안 됩니다. 이제 나를 쫓아내시면, 이 악은 방금 나에게 저지른 악보다 더 큽니다"삼하 13:16. 모욕에도 굴하지 않고 설득하려 애

썼다. 하지만 부질없는 짓이었다. "암논의 하인은 공주를 바깥으로 끌어내고, 대문을 닫고서, 빗장을 질렀다" 삼하 13:18.

굴욕이다. 굴욕은 수치심을 유발한다. 다말의 머릿속은 한없이 복잡했으리라. 그냥 죽어 버릴까? 아무 일도 안 일어난 척 조용히 살까? 그녀는 가장 어려운 선택을 한다. 수치심을 견뎌 내기로! "머리에 재를 끼얹고, 입고 있는 색동 소매 긴 옷도 찢고, 손으로 얼굴을 감싼 채로, 목을 놓아 울면서" 삼하 13:19 자신이 성폭행당한 사실을 공적으로 폭로했다. 그러나 명예와 존엄을 지키기 위한 다말의 처절한 몸부림은 뜻밖에도 친오빠에 의해 제지당한다. "얘야, 암논도 네 오라비이니, 지금은 아무 말도 입 밖에 내지 말아라. 이 일로 너무 근심하지 말아라" 삼하 13:20. 그녀가 당한 성폭력을 사소하게 취급하며 입에 재갈을 물렸다. "그리하여 다말은 그의 오라버니 압살롬의 집에서 처량하게 지냈다" 삼하 13:20.

모두가 욕망에 취해 제정신이 아닌 권력의 카르텔에서 다말은 철저하게 짓밟혔다. 아버지도 친오빠도 그녀 편이 아니었다. 어머니는 아예 '없는 사람'이다. 성서에서 증발해 버린 다말의 뒷이야기를 우리는 알 길이 없다. 자신의 삶을 이런 어둠의 구렁텅이로 몰아넣은 이복오빠가 친오빠에 의해 살해당했다는 소식을 듣고 그녀가 어떤 반응을 보였을지 궁금하지만, 성서는 말이 없다.[3]

넷플릭스 드라마 〈더 글로리〉(2022)에서 학창시절에 끔찍한 폭력을 당한 문동은(송혜교 역)은 오랜 세월 복수를 꿈꾼다. 그녀에게는 박연진(임지연 역)이 꿈이다. 자기가 부서진 만큼 박연진을 망가뜨리는 게 꿈이다. "용서는 없어. 그래서 영광도 없겠지만." 문동은의 말에는 사적 복수의 서늘한 허무가 배어 있다. 복수의 끝이 영광스럽지 않다는 걸 알지만, 그래도 그 길을 가겠다고 선언한다. 억울하기 때문이다. 가해자들이 참회하지 않기 때문이다.

대리 복수의 형태로 자신의 권력욕을 채우고자 한 압살롬의 시도는 성공했을까? 그랬다면, 다말의 처지가 나아졌을까? 우리의 상상은 이 대목에서 날개가 꺾인다. 역사의 법정은 압살롬도 심판했다. 그 역시 선을 넘었기 때문이다. 평생 자랑이던 '머리채'가 그의 발목을 잡았다삼하 18:9 참고.

압살롬이 제거된 뒤에 다말은 어찌 되었을까?

성서는 침묵하지만, 나는 상상해 본다. 다말이 압살롬 네 집 뒷방 문을 열고 세상 밖으로 나오는 거다. 2년 동안 기도하고 명상하며 갈고 닦은 영적 내공으로 치유학교를 세운다. '용서란 잊어버리는 게 아니야. 그저 흘려보내는 거지. 흐르고 흐르다 하나님께 가닿는 거야. 다시 태어나는 거야. 죽은 듯이 사는 게 아니라 사는 듯이 살아보는 거야.' 그렇게 〈다말복음〉을 전하며 '상처 입은 치유자'로 우뚝 선다.[4] 그녀처럼 어둠 속에서 길을 잃었던 자매들이 그녀에게로 몰려든다. 수치와 고통, 모욕과 굴욕 속에 유폐되었던 여성들이 빛 가운데서 다시 살아갈 용기와 능력을 얻는다. '처량하게'라는 어찌씨가 '발랄하게'로 바뀐다. 구원이다!

삭개오

비틀린 욕망의
끝자락에서

열등감 콤플렉스

　인간은 완벽하지 않다. 아무리 근사해 보이는 사람이라도 열등감을 한두 개쯤은 가지고 산다. 어쩌면 인간을 키우는 건 그런 열등감인지도 모르겠다. 영원한 청년 시인 기형도는 "질투는 나의 힘"이라고 노래했다.[1] 문제는 열등감이 병이 되어 콤플렉스로 진화한 상태다. 단지 자기가 모자란다거나 부족하다고 느끼는 수준에서 끝나지 않는다. 타인을 괴롭히면서 자신의 열등감을 정당화하려고 기를 쓴다.

개인심리학의 창시자 알프레드 아들러는, 인간이 비뚤어진 행동을 하는 원인을 따져 보면 그 밑바닥에 열등감 콤플렉스가 있다고 보았다.[2] 분석심리학자 카를 융은 이런 콤플렉스의 뿌리가 얼마나 깊은지를 '무의식'의 차원에서 검토했다.[3] 마음만이 아니라 몸까지 불편해지는 이유, 과거의 아픈 기억, 현재의 엉킨 상황, 미래의 불안과 걱정 등이 콤플렉스와 연결된다는 것이다.

텔로네스가 탈 났네

여기 한 남자가 있다. 이름은 삭개오Zacchaeus. '순수'하다는 뜻이다. 어디에도 오염되지 말고 깨끗하게 살라는 염원을 담아 부모님이 지어 준 이름이겠다. 한데 이 이름을 들으면 사람들은 욕을 한다. 순수하기는커녕 더럽다고 침을 뱉는다. 그의 직업 때문이다.

그는 여리고에 살았다. 여리고는 예루살렘 북동쪽에 있는, 세계에서 가장 오래된 도시 중 하나다. 유대

광야 끝자락에 자리한 오아시스 성읍으로, 해수면보다 250미터 아래 있어서 한겨울에도 따뜻하다. 북쪽의 다마스쿠스, 서쪽의 가이사랴와 연결되는 교통의 요지인 까닭에, 유황, 소금, 발삼과 같은 고가의 상품이 활발히 거래되었다. 삭개오는 이 막대한 거래에서 발생하는 세금을 징수하는 세관장이었다.

신약성서에서 자주 등장하는 '세리'라는 직업은 특이하다. 오늘날처럼 세무사법에 따라 세무사 시험을 치르고 합격해서 세무공무원이 되는 구조가 아니다. 세리를 뜻하는 헬라어 '텔로네스'가 '통행세, 관세'를 뜻하는 '텔로스'와 '내가 샀다'는 뜻의 '오네오마이'의 합성어인 것만 보아도 알 수 있다. 일반인이 나라에 돈을 바치고 세금을 징수하는 권리를 사면 누구나 '텔로네스'가 될 수 있었다.[4]

고대 그리스 도시국가들에서 시작된 이 제도를 로마제국도 그대로 이어받았다. 텔로네스는 자신에게 할당된 세금액을 바치고 나면, 나머지는 얼마가 되었든지 간에 자신의 소득으로 챙기는 게 허용됐다. 로마 정부로서는 이렇게 민간 세금업자를 이용해 세금을 거두는 것이 정부의 관료들을 동원해 직접 징수하는 방법보다 훨씬 요긴했다. 공무원을 쓰면 나라에서 봉급을 주어야 하지만, 민간 세금업자는 그럴 필요가 없었기 때문이다. 더욱이 식민지 백성의 원성이 곧장 로마제국을 향하지 않고 민간 세금업자에게로 우회하니, 이것이야말로 일거양득이었다.

'세관장(아르키텔로네스)' 삭개오는 단순히 세금을 거두는 사람 tax collector이 아니었다. 엄연히 세금사업권을 가지고 징수원들을 고용해 자기 휘하에 부리는 사람 tax farmer이었다. 나라가 정한 일정액을 거두지 못하면 세금업자가 부족분을 메꾸어야 했으므로, 징수원들을 혹독하게 쥐어짰을 것이다. 자기 몫은 물론 징수원들의 수입도 챙겨야 하니까 악착같이 백성의 주머니를 털었을 것이다. 사람들이 세리를 향해 '날강도'라고 수군댄 이유를 알 만하다. 랍비들은 세리를 '부정한 사람', '더러운 죄인'의 명단에 올렸다.

삭개오의 낮은 자리, 뽕나무

삭개오는 부자였다 눅 19:2. 그가 어떻게 부자가 되었는지, 성경은 시시콜콜 말하지 않는다. 그러나 그를 수식하는 다른 단어, 곧 '세관장'이라는 표현 덕분에 우리는 그가 쌓은 부의 성격을 단박에 알아챈다. 이름은 '순수'였으나, 삶은 그렇지 못했다. 나는 그 이유가 그의 콤플렉스 때문이 아닐까 넘겨짚는다.

그는 키가 작았다눅 19:3. 한 인간, 그것도 남성을 묘사할 때 다른 어떤 특징보다도 키를 언급한다는 건 어떤 의미일까? 도대체 얼마나 작았기에 성경에 기록될 정도일까? 어느 주석서는 그의 키가 150센티미터 이하였다고 설명하지만, 이 대목에서 정확한 수치를 아는 건 그다지 중요하지 않다. '크다, 작다'는 철저히 상대적인 개념인 데다 작은 키로도 거인처럼 사는 이가 있기 때문이다. 하지만 삭개오는 그러지 못했다. 키가 작다는 콤플렉스에 발목이 잡혔다.

사람의 본능은 쾌를 중심으로 돌아가기 마련이다. 불쾌한 건 피하고, 유쾌, 상쾌, 통쾌한 것을 좇게 돼 있다. 나를 유쾌하게 해 주는 사람과 어울리고, 나를 상쾌하게 해 주는 놀잇감을 찾아다니며, 나를 괴롭힌 사람에게 통쾌하게 복수하는 재미로 산다. 삭개오는 성장판이 닫힌 시점부터 이를 갈았을 것이다. 자기를 내려다보는 남녀의 시선에 자존심이 갈가리 찢겼을 테다. 그의 의식과 무의식은 아무도 자기를 내려다보지 못하게 만들겠다는 욕망에 비끄러매졌다. 기를 쓰고 돈을 벌어 세관장의 자리에 오른 그는 여리고 주민들을 자기 발아래 무릎 꿇리는 맛으로 살았다.

한데 이런 종류의 재미는 원래 허무한 법이다. 거기서 느껴지는 쾌감이란 진짜가 아니라 환상이기 때문이다. 죽을 때까지 그 맛에 중독돼 사는 사람이 있기야 하겠지만, 그러기도 쉽지 않다. 사람들이 자기 앞에서만 설설 기지 돌아서면 손가락질한다는 걸 누구보다 잘 아는데, 언제까지 그런 허위의식에 취해 있을 수 있냐 말이다. 그럴수록 더 못되게 굴어도 소용없다. 자기만 못난 사람이 될 뿐이다.

이 질곡에서 어떻게 벗어날까? 시몬 베유는 단언한다. "스스로의 에너지를 사용하여 자기 자신으로부터 벗어나려고 애쓰는 것은 발목에 족쇄를 찬 암소가 그것을 끌어당기다가 결국 무릎이 꺾이고 마는 것과 같다."[5] 외부의 힘이 필요하다는 말이다. 거부할 수 없는 위력으로 사람을 끌어당기는 관성의 주술에서 풀려나려면 위로부터 내리는 은총에 기대는 수밖에 없다.

<세리 삭개오의 회심>, 17세기, 이탈리아 예술 판화

●

키가 작은 삭개오. 여리고 도시에서 '공공의 적'으로 낙인찍힌 그는
예수의 얼굴이라도 볼 심산으로 뽕나무 위에 올라간다.

삭개오에게도 드디어 은총의 순간이 왔다. 예수가 여리고에 떴다. 삭개오는 소문으로만 듣던 예수가 어떤 사람인지 궁금했다. 세리와 스스럼없이 어울리더라, 세리와 함께 밥을 먹었다더라, 제자 중에 전직 세리가 있다더라…, 온갖 소문의 실체를 보고 싶었다. 하지만 역부족이었다.

여리고에서 멀지 않은 베다니에 살던 나사로, 죽었다던 그이를 예수가 다시 살리신 일로 여리고는 축제 분위기였다. 여리고에 가까이 이른 예수가 시각장애인을 고쳐 주었다는 뉴스는 축제에 불을 질렀다. 여리고는 이미 발 디딜 틈 없이 사람들로 가득 찼다. 키가 작은 삭개오로서는 예수의 얼굴을 볼 가능성이 희박했다.

무엇이 그를 내달리게 했는지 도를 일이다. 어차피 체면은 엿 바꾸어 먹으려고 해도 없던 판이다. 거듭 말하거니와 세관장은 절대 존경받는 지위가 아니다. 스크루지 영감보다 더 지독한 인간, 동족의 배신자, 로마의 앞잡이로 낙인찍혀, 차라리 익명의 군중 틈에서 돌에 맞아 죽을 확률이 높다. 여리고에서 '공공의 적'이 된 그는 두려움을 무릅쓰고 달렸다. 왜 달렸는지는 모르나, 어디로 달렸는지는 명확하다. 예수의 동선 안에 들어 있는 뽕나무(혹은 돌무화과나무)가 목표다. 뽕나무 위에 올라가, 그 아래로 지나는 예수의 정수리라도 볼 참이다.

내려오라는 그 말씀

삭개오의 심장 박동이 얼마나 빨랐을까? 작은 키, 짧은 다리로 무리를 제치고 달리는 동안, 행여 남들이 비웃을까 봐 뒤통수가 저릿하지는 않았을까? 뽕나무 위로 기어 올라간다는 건 또 얼마나 큰 도전인가? 튼튼한 가지를 골라 엉거주춤 자리를 잡으며 땅바닥으로 떨어지지 않으려고 버둥거리는 모습은 또 얼마나 우스꽝스러웠을까? 이걸 다 계산에 넣었다면 뽕나무 사건은 성서에서 삭제되었을 것이다. 예수를 보고 싶다는 열망이 콤플렉스를 이겼다.

기가 막힌 건 다음이다. 예수가 뽕나무 아래 이르러 갑자기 발걸음을 멈추더니, 삭개오를 올려다보며 말한다. "삭개오님! 서둘러 내려오세요. 오늘 내가 그대의 집에 머물러야만 하니까요." 눅 19:5, 새한글성경. 일동 침묵!

예수가 여리고 최고의 '빌런(악당)'과 말을 섞다니. 게다가 더러운 죄인의 집에 들어간다니.

영화의 한 장면 같다. 삭개오를 올려다보는 예수의 시선에서 이미 게임이 끝났다. 시선은 의외로 많은 내용을 담는다. 언어보다 빠르게 풍부한 의미들을 전달한다. 누군가가 나를 진심으로 올려다본 적이 있던가? 있는 그대로 나를 존중하고 용납하는 그런 따뜻한 환대의 눈길을 언제 받아 봤더라? 삭개오는 예수의 눈길에서 난생처음으로 자신의 온 존재가 받아들여지는 기이함을 경험한다. '얼른 내려오는' 그의 행동은 앞으로 일어날 삶의 변화를 예고한다. 이제부터 그는 '내려가는 삶'을 살게 될 것이다. 낮아지고 작아져서 급기야 사라지고 없어질 것이다.

삭개오는 "기뻐하면서 예수를 모셔 들였다"눅 19:6. 기쁨은 쾌락과 다른 말이다. 스피노자는 기쁨을 "정신이 큰 변화를 받아서 더 큰 완전성으로 이행할 때의 감정"이라고 정의했다.[6] 성서에서는 기쁨이 '잃어버린 것을 찾았을 때의 감정'으로 특화된다. 목자가 잃어버린 양을 찾고, 여인이 잃어버린 동전을 찾으며, 아버지가 잃어버린 아들을 찾았을 때 느끼는 감정이 기쁨이다.

삭개오는 콤플렉스에 사로잡혀 쓸데없이 자기를 부풀렸던 지난날을 돌아본다. 자기 안에 '네피림(거인)'을 숭배하는 욕망의 뿌리가 있었음을 부끄럽게 인정한다. 네피림은 타락의 표상이다창 6:1-4 참고. 세상 질서는 네피림 앞에 머리를 조아리나, 하나님은 네피림을 싫어하신다. 작은 자, 연약한 자를 돌보시는 하나님이다. 삭개오는 '일어서서 말한다.' 이 일어섬은 다시 삶이다. 이전의 그는 죽고, 새로운 존재로 변태했다. "주님, 보십시오. 내 소유의 절반을 가난한 사람들에게 주겠습니다. 또 내가 누구에게서 강제로 빼앗은 것이 있으면, 네 배로 하여 갚아 주겠습니다"눅 19:8.

구원은 싸구려가 아니다. 예수 믿고 구원받는다는 건 자기도 예수처럼 십자가에 달리겠다는 뜻이다. 죽지 않으면 부활도 없다. 삭개오는 비싼 값을 치렀다. 자기가 깨끗해서 구원받은 게 아니라는 걸 너무 잘 안다. 구원은 선물이다. 선물은 받는 쪽의 자격과 상관없이, 주는 쪽의 의지에 달려 있다. 구원의 선물을 받고 보니 자기가 얼마나 더러운지 알게 됐다. 자기 이름에 담긴 하나님의 꿈이 그제야 오롯이 보였다.

삭개오는 하나님의 꿈의 한 조각으로 살기로 결

단한다. 삶의 이유가 달라졌다. 가난한 사람들의 목을 조르는 데서 쾌감을 느끼던 지난날의 비뚤어진 욕망이 성형됐다. 이제는 가난한 사람들의 숨통을 열어 주는 데서 기쁨을 누린다. 나눔이 뺄셈이 아니라 덧셈과 곱셈이 되는 이상한 수학의 세계에 들어섰다. 삭개오의 인생에서 가장 절박한 자리, 가장 낮은 자리였던 뽕나무가 그를 살렸다. 하늘은 늘 낮은 자리에 있다.

그 눈물이
강물이 되어 흐를 때

반성할 줄 모르는 일본

2025년은 광복 80돌이 되는 해다. 2차 세계대전이 연합국의 승리로 끝난 뒤, 추축국에 대한 심판이 이뤄졌다. 이탈리아의 파시스트 정권이 무너지고, 독일은 동·서로 분단됐다. 하지만 아시아의 추축국인 일본은 천황제 정권이 붕괴하거나 나라가 반 토막 나는 처벌을 받지 않았다. 대신에 일본의 식민지였던 한반도가 미국과 소련의 신탁통치를 받고 남북으로 분단됐다. '겨레의 사상가' 함석헌 선생이 피를 토하는 심정으로 썼듯이, 한반도는 "세계사의 하수구"[1]이자, "수난의 여왕"[2]이 되고 말았다.

    서독은 1970년 빌리 브란트 총리 때부터 이웃 나라를 찾아가 무릎을 꿇었다. 나치 독일이 저지른 유대인 학살에 대해 진심으로 사과하며 용서를 빌었다. 그 결과, 1989년 베를린 장벽이 해체됐다. 독일의 역사 교과서는 과거 독일이 저지른 죄악을 낱낱이 밝히며, 다시는 그처럼 광신에 사로잡힌 군국주의가 발동해선 안 된다고 못을 박는다. 나치를 부정하고 역사를 왜곡하거나 홀로코스트를 미화하면 '국민선동죄'로 처벌까지 받는다.

    반면에 일본은 어떤가? 윤석열 정부 당시, '포스트 아베'로 손꼽힌 기시다 후미오 총리가 열두 차례나 한국을 방한해 이른바 '셔틀 외교'를 펼쳤지만, 자국의 이익 챙기기에만 골몰했을 뿐 역사 앞에 참회는 없었다. 총리 취임 후 첫 방한 때 열린 기자회견에서 "마음이 아프다"며 두루뭉수리로 얼버무려 놓고는, 행여 자기 말이 일본 정부의 공식 입장으로 비칠까 봐 "개인적

소회"라고 변명하기 바빴다.[3]

1995년 8월 15일 무라야마 도미이치 총리가 일본 패망 50주년을 맞이해 발표한 '무라야마 담화'는 그저 흘러간 옛노래가 되고 말았다. 그는 일본이 태평양전쟁 이전 혹은 전쟁 중에 행한 "침략"이나 "식민지 지배"에 대해 사죄하면서, 이는 개인의 사사로운 견해가 아니고 일본 정부의 공식 견해라고 강조했다. 이 기조를 이어받아 1998년 10월 8일 '김대중-오부치 선언'이 나왔다. 일명 〈21세기 새로운 한-일 파트너십 공동선언〉이다. 여기서 오부치 총리는 일본의 식민통치에 대한 "통절한 반성과 사죄"를 언급했다.[4]

그랬던 분위기가 이상하게 역행하고 있다. 1급 전범의 후예로, 역대 최장수 총리를 지낸 아베 신조가 일본의 평화헌법(헌법 9조)을 개헌해 일본을 '전쟁할 수 있는 나라'로 변신하려고 혈안이 되었던 건 널리 알려진 사실이다. 이 기조를 이어받아 기시다는 2023년 5월 3일(일본의 헌법기념일)에 개헌 의지를 드러냈다. 이어서 2024년 5월 3일에도 북한, 러시아, 중국의 위협을 핑계 삼아 '일본이 방위력을 키워야 한다'고 목소리를 높였다. 그의 뒤를 이어 이시바 시게루가 총리직에 올랐지만, 그 밥에 그 나물이다. 천황제가 살아 있고 자민당이 집권하는 한, 그리고 이 땅의 토착 왜구가 여전히 기승을 부리는 한, 일본은 절대 과거의 잘못을 인정하지 않을 것이다.

드보라-바락 파트너십

한반도를 둘러싼 역사 시간이 거꾸로 도는 것을 보면서 구약성서를 펼친다. 가히 춘추전국시대라 할 수 있는 사사기(판관기) 속으로 들어간다. 그 혼란한 소용돌이 속에서 유일한 여성 사사 드보라를 만난다. '사사 士師'는 히브리어 '쇼펫'에서 유래한 말이다. 재판관 혹은 지도자를 뜻한다. 재판에 무게를 둔다면 드보라만 한 사사가 없겠다. 그녀는 '종려나무' 아래 앉아서 재판 업무를 담당했다. "그가 에브라임 산간 지방인 라마와 베델 사이에 있는 '드보라의 종려나무' 아래에 앉아 있으면, 이스라엘 자손은 그에게 나아와 재판을 받곤 하였다"삿 4:5.

키 큰 종려나무 아래 앉아서 사람들 사이의 갈등

과 다툼을 중재하는 드보라의 모습은 사려 깊고 지혜로운 '판관'의 이미지에 딱 들어맞는다. 하지만 사사가 하는 일에 재판만 있는 게 아니다. 그보다 더 중요한 업무가 있다. 전쟁의 시대였던 만큼 병사들을 이끌고 나가 전공戰功을 세워야 한다. 사사 삼갈은 소를 모는 막대기 하나만 가지고 블레셋 병사 600명을 물리쳤다삿 3:31. 기드온도 300명의 '별 볼 일 없는' 병사만 데리고 1만 5천 명의 미디안 군대와 싸워 승리를 거머쥐었다삿 7장. 이쯤 되면 전투력이 사사의 필요조건처럼 보인다. 사사라고 하면 일차적으로 전쟁 영웅의 자질이 있어야 할 것 같다. 하지만 여성 사사 드보라에게는 결정적으로 그 점이 부족하다. 한데도 어떻게 40년 동안 다스릴 수 있었을까?

약체인 이스라엘이 또 침략을 받았다. 가나안 왕 야빈 휘하의 시스라 장군이 900대의 철 병거를 거느리고 쳐들어왔다삿 4:13. 이스라엘의 병력이라야 고작 칼과 작대기가 전부다. 오합지졸을 데리고 전쟁을 치러야 한다. 현상적으로는 이기기 어려운 싸움이다. 그러나 섭리의 눈으로는 다르다. 하나님이 편들어 주시면 이긴다. 하나님은 고통당하는 약자 편이다. 드보라는 스스로 전쟁 영웅이 될 수 없는 자신의 한계를 오히려 장점으로 활용했다. 남성 장군 바락을 파트너로 삼아 그에게 적절한 역할을 맡겼다.

> 하루는 드보라가 사람을 보내어, 납달리의 게데스에서 아비노암의 아들 바락을 불러다가, 그에게 말하였다. "주 이스라엘의 하나님이 분명히 이렇게 명하셨습니다. '너는 납달리 지파와 스불론 지파에서 만 명을 이끌고 다볼산으로 가거라. 야빈의 군지휘관 시스라와 그의 철 병거와 그의 많은 군대를 기손 강가로 끌어들여 너의 손에 넘겨주겠다'"삿 4:6-7.

전시체제와 같은 위기 때는 군대를 통솔할 능력이 있는 장군의 지도력이 뜨기 마련이다. 여성의 지도력이 시험대에 오를 수도 있고, 쿠데타가 일어날 수도 있다. 그러나 바락은 드보라의 권위에 '순종'한다. 하나님이 여성을 사사로 택한 이유에 관해 궁금해하지도 않고 따지지도 않는다. 오히려 "그대가 나와 함께 가면 나도 가겠지만, 그대가 나와 함께 가지 않으면 나도 가지 않겠소"삿 4:8라고 말하며 파트너십을 재확인한다.

의아한 건 드보라의 다음 말이다. "내가 반드시 장군님과 함께 가겠습니다. 그러나 주님께서 시스라를 한 여자의 손에 내주실 것이니, 장군께서는 이번에 가는 길에서는 영광을 얻지 못할 것입니다"삿 4:9. 입바른 아부로 자기 이익이나 챙기는 정치꾼의 면모와 완전 다르다. 공수표를 남발하는 무책임한 정치인이나 권모술수가 난무하는 치졸한 정치판의 현장과 전혀 무관하다. 어찌 이토록 투명할 수 있을까?

욕심이 없어서 그렇다. 업적이나 공로를 사유화할 마음이 추호도 없다. 하나님이 하시는 일에 기꺼이 자기를 바친다. 그것만으로 충분히 만족스럽고 기쁘다. '솔리 데오 글로리아 *Soli Deo Gloria*', 모든 영광은 하나님께서 받으셔야 마땅하다!

뜻밖의 복병

드보라의 예언대로 바락이 승리한다. "주님께서 시스라와 그가 거느린 모든 철 병거와 온 군대를 바락 앞에서 칼날에 패하게 하시니, 시스라가 병거에서 내려서 뛰어 도망쳤다. 바락은 그 병거들과 군대를 이방인의 땅 하로셋에까지 뒤쫓았다. 시스라의 온 군대는 칼날에 쓰러져, 한 사람도 남지 않았다"삿 4:15-16.

바락의 손에서 구사일생 빠져나간 시스라는 겐 사람 헤벨의 아내 야엘의 장막으로 숨어든다. 헤벨 집안은 시스라가 모시는 야빈 왕과 가깝게 지내는 사이였으므로삿 4:17, 그 집이야말로 안전가옥이라고 여겼을 테다. 게다가 아녀자의 장막은 아무리 전쟁 중이라도 함부로 침범하지 않는 법, 이보다 완벽한 은신처가 없다.

시스라의 예상대로 야엘은 시스라를 반갑게 맞이한다. "들어오십시오. 높으신 어른! 안으로 들어오십시오. 두려워하실 것 없습니다"삿 4:18. 시스라가 장막 안으로 들어가자, 야엘은 그를 눕히고 이불을 덮어 준다. 목이 말라 물을 청하니 우유까지 대접한다. 긴장이 풀린 시스라는 스르르 잠에 빠져든다.

이때 반전이 일어난다. "야엘은 장막 말뚝을 가져와서, 망치를 손에 들고 가만히 그에게 다가가서, 말뚝을 그의 관자놀이에 박았다. 그 말뚝이 관자놀이를 꿰뚫고 땅에 박히니 그가 죽었다"삿 4:21. "주님께서 시스라를 한 여자의 손에 내주실 것"이라는 드보라의 예언

피에르 레이몬드, <시스라를 죽이는 야엘>, 1550, 에나멜 명판

●

적장 시스라를 처단하는 역할은 드보라의 몫도, 바락의 몫도 아니었다. 가족이기주의에 함몰되지 않은 '전업주부' 야엘이 이 어려운 일을 해낸다.

이 이렇게 성취되었다.

야엘이 가부장제를 내면화한 여성이라면 어땠을까? 남편이 돌아올 때까지 행동을 보류했다가 남편과 의논해서 결정했을 거다. 그녀의 남편 헤벨이 전쟁 자본주의에 함몰된 이라면 어땠을까? 이참에 야빈 왕에게 점수를 따서 사업이 번창할 기회로 삼자고 꼬드겼을지도 모른다. 하지만 야엘은 독단적으로 행동했다. 어쩌면 남편의 성향을 알기 때문에 '미리 알아서' '스스로' 행동했을지도 모를 일이다. 공동번역 성서가 맛깔나게 그녀를 묘사한다. 야엘은 "방구석에 묻혀 사는"[판 5:24] 여인이 아니었기에, 다시 말해 역사를 바라보는 눈이 특수한 집단주의를 넘어 하나님의 보편 섭리에 닿아 있었기에 그리 행동할 수 있었다는 해석이다.

오스카의 혹

이제 우리의 눈길은 또 다른 여인에게로 향한다. 시스라의 어머니다. 야엘과 정반대의 자리에 있는 그녀의 관심은 오직 하나, 제 자식이 잘되는 것뿐이다.

아들이 장군이 되어서 왕의 총애를 받는 게 무척 자랑스럽다. 아들이 '어떤' 전쟁에 나가 '누구'와 '왜' 싸우는지는 알 바 아니다. 무조건 이기고 돌아오기만 하면 장땡이다.

목이 빠져라 창문 밖을 내다보며 혼잣말로 지껄인다. "틀림없이 약탈한 것을 모아 나누겠지. 용사 하나하나에 여자 하나씩 또는 둘씩, 시스라 몫으로 채색한 옷 한 벌, 또는 두 벌, 그리고 내 몫으로는 수놓은 목도리 하나 또는 둘"판 5:30. '환향녀'부터 '위안부'까지 전시 성노예로 끌려가 유린당한 여성들의 한은 안중에도 없다. 아니, "용사 하나하나에 여자 하나씩 또는 둘씩" 데리고 노는 건 전쟁 '게임'의 당연한 요소인 줄 안다.

일본 식민지 치하에서 스무 해를 보낸 소설가 박경리 선생은 자기를 "철두철미 반일작가"라 칭했다.[5] 자기 소설의 판매 부수를 고려해, 혹은 일본의 과거사와 직접 연관되지 않는 오늘의 일본 독자를 의식해 에둘러 표현할 법도 한데, 직설법을 택했다. 나아가 선생은 "일본에게는 예를 차리지 말라"고도 잘라 말했다. 사무라이로 상징되는 '칼의 문화'[6] 위에 서 있는 일본이 여전히 군국주의를 미화하기 때문이다. 같은 패전국인 독일이 과거사를 통렬히 반성하고 반나치즘, 반파시즘의 길을 걸은 것과 대조되기 때문이다.

2002년 한일월드컵 개막식에서 축시를 낭독한 귄터 그라스가 떠오른다. 1999년 노벨문학상 작가인 그는 일본 정부의 초청을 마다하고 한국행을 택했다. 이웃나라에 고통을 안겨 주고도 끝내 반성할 줄 모르는 나라에는 가지 않겠다는 소신 발언이 그리 통쾌할 수 없었다. 《양철북》[7]에서 그는 주인공 오스카의 등에 난 혹을 전후 독일인이 짊어져야 할 역사의 부채로 표현했다. 시스라의 어미가 절대 갖지 못한 눈이다.

우리의 눈이 역사의 밑바닥을 향하지 않고서 어찌 하늘에 잇닿을 수 있을까? 어쩌면 드보라 이야기의 절정은 '드보라의 종려나무'도 바락의 전쟁터도 야엘의 장막도 아닐 것이다. 시스라의 어미가 선 자리, 그 자리에서는 도무지 보이지 않는 전쟁 성노예들의 낮은 자리, 거기서 여전히 울고 계시는 하나님의 눈물이 핵심이다. 그 눈물이 강물이 되어 흐를 때 비로소 이 땅에도 초록 평화의 계절이 성큼 다가오지 않을까?

강한 남자 증후군의
전말

한 남자가 세상을 파괴할 수 있다면

그녀는 파키스탄 태생이다. 남자아이가 태어나면 환호의 폭죽을 쏘고, 여자아이가 태어나면 커튼 뒤로 숨기는 고루한 지역에서 자랐다. 아버지를 잘 만난 건 그나마 행운이었다. 그녀의 아버지는 여자아이도 교육받을 권리가 있다고 믿는, 말하자면 '깨어난 시민'이었다. 그런 아버지 덕분에 그녀는 차별 없이 학교에 다니며 글을 깨쳤다.

평범한 일상은 오래가지 못했다. 9·11 테러 이후 미국이 아프가니스탄에 숨어 있던 알카에다 수장 오사마 빈 라덴을 제거하기 위해 대대적인 공습을 감행했다. 흩어진 탈레반 세력은 파키스탄 북부에 둥지를 틀었다. 하필이면 그녀의 고향 스와트밸리가 탈레반 무장 세력의 새 거점이 되었다. 로드 벡스트롬과 오리 브라프먼이 《불가사리와 거미》[1]에서 주장한 내용이 현실로 드러났다. 거미는 목을 자르면 죽지만, 불가사리는 잘린 다리 하나에서도 다시 살아날 수 있다! 이것이 알카에다를 추종하는 후계자 운동들에서 벌어진 일이다.

스와트밸리를 본격 점령한 탈레반은 주민들의 일상을 '율법'으로 통제하기 시작했다. 텔레비전 시청이 금지되고 CD, DVD 따위는 발견 족족 불태워졌다. 학교 400여 곳이 폭파되었으며 모든 여학교를 폐쇄하라는 지시가 떨어졌다. 탈레반의 명령에 불복하는 사람은 즉결 심판에 처해졌다. 길거리마다 주검이 나뒹굴었다.

공포정치가 사람들을 질식시키고 있을 때, 그녀는 영국 공영방송BBC이 운영하는 블로그에 글을 올려

탈레반의 악행을 고발하기 시작했다. "만일 한 남자가 세상을 파괴할 수 있다면, 한 소녀는 세상을 바꿀 수 있다"[2]는 그녀의 외침에 세상이 열광했다. 말랄라 유사프자이는 그렇게 탈레반의 표적이 되어, 하굣길 버스 안에서 총격을 당했다.

머리와 얼굴과 목에 총알이 관통하는 치명상을 입었지만, 그녀는 기적적으로 살아남았다. 2014년 노벨상위원회는 노벨 평화상 수상자로 그녀를 호명했다. 노벨상 전 부문을 통틀어 역대 최연소 수상의 영예를 안은 그녀는 "이 상은 끝이 아니라 시작"이라는 겸손한 말로 소감을 대신했다. 그녀가 블로그에서 언급한 '한 남자'는 파키스탄 탈레반 지도자 파즐울라를 가리킨다. 하지만 우리는 안다. 세상에는 수없이 많은 파즐울라가 있다는 것을. 러시아 대통령 블라디미르 푸틴 역시 또 하나의 파즐울라다. 그가 2022년에 재개한 전쟁 때문에 우크라이나는 말할 것도 없고, 전 세계가 휘청댄다. 트럼프, 시진핑, 네타냐후는 또 어떻고? 세계의 '상남자'들이 서로 힘을 겨루는 통에 약소국들만 불안하다.

나실인, 은총인가 재앙인가

미국의 저명한 페미니즘 이론가이자 문화비평가인 벨 훅스는 《남자다움이 만드는 이상한 거리감》에서 가부장제가 죽이는 건 여자만이 아니라고 분석했다. 가부장제가 '기본값'인 사회는 남자에게도 힘들다. 남자다워야 한다는, '진짜 사나이'가 되라는 압박이 장난이 아니다.

> 가부장제는 남성은 선천적으로 우세하며, 약하다고 여겨지는 모든 존재(특히 여성)보다 우월하고, 그 약한 존재들을 지배하고 통치하는 권리, 그리고 여러 다양한 형태의 심리적 테러리즘과 폭력을 통해 그 지배를 유지할 권리를 태어날 때부터 부여받았다고 주장하는 정치사회 시스템이다.[3]

> 가부장적 조건에서 승리하는 남성들은 그들 삶의 질적 측면에서는 패하기 마련이다. 그들은 사랑으로 연결되는 대신 가부장적 남자다움을 선택한다.[4]

여기, '사랑으로 연결되는 대신 가부장적 남자다움을 선택'한 어리석은 사람이 있다. 사사기(판관기)에 등장하는 삼손이다. 본래 그는 '나실' 사람으로 구별되었다. 주님의 천사가 삼손의 어머니에게 나타나 말하였다. "네가 임신하여 아들을 낳을 것인데, 그 아이의 머리에 면도칼을 대어서는 안 된다. 그 아이는 모태에서부터 이미 하나님께 바쳐진 나실 사람이기 때문이다. 바로 그가 블레셋 사람의 손에서 이스라엘을 구하는 일을 시작할 것이다"삿 13:5.

'나실'이란 '바쳐진 자'를 뜻한다. 민수기 6장에 나실 사람의 규율이 잘 나타나 있다. 하나님과 더 깊고 친밀한 관계를 맺고자 갈망하는 이들은 자발적으로 근신하며 자기를 하나님께 바치는 시간을 갖는다. 그렇게 헌신한다는 표로 금령을 지켜야 하는데, 이를테면 포도주를 삼가고, 주검에 가까이하지 않으며, 머리카락을 자르지 않는 일이 포함된다. 사람이 누릴 수 있는 세속의 쾌락을 멀리하고, 구별된 삶을 추구한다는 의미다. "나실 사람으로 헌신하는 그 모든 기간에는, 그는 나 주에게 거룩하게 구별된 사람이다"민 6:8.

신앙 훈련 차원에서 한두 달 헌신하는 거야 얼마

든지 할 수 있겠다. (사실 그것도 마냥 쉽지만은 않다.) 한데 삼손은 평생이다. 하나님이 모태에서부터 그를 나실 사람으로 택하셨다. 신앙의 눈으로 보면 영광스러운 일이다. 하지만 세속의 눈으로는 형벌도 이런 형벌이 없다. 누구 마음대로 내 인생에 족쇄를 채운단 말인가?

'진짜 사나이' 판타지

삼손의 첫 등장은 로맨틱 코미디를 방불케 한다. 거침없이 적지敵地를 활보하면서 이 여자 저 여자에게 추파를 던진다. 본인이 얼마나 매력적인 남자인지 잘 안다는 눈치다. 여자들의 시선을 받는 게 즐겁다. 그의 눈에 한 여자가 꽂힌다. 외모가 기가 막힌다. 집에 돌아온 삼손은 다짜고짜 부모에게 그녀와 결혼하겠다며 으름장을 놓는다. 이름도, 나이도, 집안 배경도 알지 못한다. 그녀의 감정 따위는 안중에도 없다. 무조건 '내가 원한다는데, 누가 말리냐'는 식이다. 전형적인 상남자 스타일!

이방 여자라 안 된다던 부모도 아들의 고집을 꺾

을 수 없다. 서둘러 결혼 절차에 돌입한다. 하지만 삼손 같은 캐릭터는 달콤한 연애물보다 폭력물에 적합하다. 또 일이 터진다. 부모와 함께 블레셋 마을 딤나로 가다가 포도원에 들른 게 화근이었다. 그에게는 자기가 나실 사람이라는 인식이 탑재되어 있지 않다. 포도주나 포도즙을 마실 수 없고, 포도도 먹지 못하며 "포도나무에서 난 것은 어떤 것도, 씨나 껍질조차도 먹어서는 안 된다"민 6:4는 조항을 간단히 무시한다. 한창 포도에 취해 있을 때 난데없이 어린 사자 한 마리가 튀어나온다. 삼손은 맨손으로 사자를 찢어 죽이고는, 마치 아무 일도 없던 것처럼, 딤나 여자와 데이트를 즐긴다.

이런 에피소드는 '멘탈이 강하다'는 말로 그냥 넘어갈 성질이 아니다. 아무리 배가 고파도 지켜야 할 선이 있다. 아무리 정당방위라 해도 무고한 생명을 죽인 데 대해 무거운 죄책 고백이 뒤따라야 한다. 그녀와의 데이트를 취소하기가 곤란하다면, 차라리 그녀에게로 가서 자신의 연약함을 털어놓고 실컷 울기라도 해야 인간적일 테다. 하지만 후회, 반성, 사과, 눈물 따위는 삼손의 사전에 들어 있지 않은 단어들이다. '강한 남자' 증후군에 단단히 중독된 삼손은 무조건 '돌진 앞으로'

나아간다.

그가 얼마나 자기 자신에 취해 있었는지는 다음 행보가 말해 준다. 얼마 뒤 결혼식을 하러 딤나로 가던 그는 자기가 사자와 싸워 이긴 현장에 다시 가보고 싶은 충동에 휩싸인다. 그러고는 거기서 사자의 사체에 벌떼가 집을 지은 걸 발견한다. 순간 벌꿀의 달콤함에 정신을 빼앗겨 손으로 꿀을 허겁지겁 떠먹는다. 나실 사람은 심지어 "아버지나 어머니나 형제나 누이가 죽었을 때에라도, 그들의 주검에 가까이하여 몸을 더럽혀서는 안 된다"민 6:7는 조항이 이번에도 가볍게 무시되었다. 그는 부모에게도 꿀을 가져다준다. 당연히 출처는 밝히지 않는다. 이로써 불고지죄不告知罪가 추가되었다.

토르의 망치는 어디로

성경은 피비린내 나는 결혼식 풍경을 담담히 묘사한다. 원인 제공은 당연히 삼손의 몫. 자기만 아는 답을 수수께끼로 내다니 치사하기가 이를 데 없다. 상대가 도발하면 또 죽기 살기로 달려드는 게 상남자들의 본색이다. 이로 인해 잔치판은 학살장으로 변한다. 삼손의 아내 인생은 꼬일 대로 꼬였다. '나쁜 남자'에게 잘못 걸려 집안이 폭삭 망했다.

이어지는 삼손의 무용담은 어째 불길하다. 삼손에게 주어진 과제가 블레셋 사람의 손에서 이스라엘을 건지는 임무인 건 맞지만, 이 과정에서 그의 자아는 한껏 팽창한다. 상상해 보라. 나귀 턱뼈 하나로 블레셋 사람 천 명을 해치웠으니 왜 안 그렇겠는가? 감동에 찬 그는 노래까지 지어 부른다. "나귀의 턱뼈로 한 더미, 두 더미를 쌓았음이여. 나귀의 턱뼈로 내가 천 명을 죽였도다"삿 15:16, 개역개정. 주어가 '나'다. 하나님께 감사드린다는 상투어조차 생략돼 있다. 하나님은 안중에도 없다.

이제 삼손 이야기는 절정을 향해 치닫는다. 유명한 들릴라가 등장할 차례다. 이번에도 둘은 사랑으로 연결돼 있지 않다. 삼손은 정욕에 불탔고, 들릴라는 돈에 눈이 멀었다. 이런 조합의 끝이 해피엔딩일 리 없다. 들릴라는 원하는 걸 얻었고, 삼손은 머리카락이 잘렸다. 그는 그 이상 '강한 남자'가 아니다. 영화 〈어벤져스〉에서 가장 강력한 천둥의 신 토르가 망치를 들 기운조차 빠져나간 상황이랄까? "블레셋 사람들은 그를 사로잡아, 그의 두 눈을 뽑고, 가사로 끌고 내려갔다. 그들은 삼손을 놋사슬로 묶어, 감옥에서 연자맷돌을 돌리게 하였다"삿 16:21.

얼마 전까지만 해도 세상에 그를 대적하거나 제어할 수 있는 건 아무것도 없었다. 원하는 건 전부 손에 넣을 수 있었다. 길들지 않은 야생 망나니처럼 마음 내키는 대로 살았다. 그랬던 삼손이 한순간에 나락으로 떨어졌다. 무력해졌다. 블레셋 사람들이 자기 두 눈을 뽑는데도 저항하지 못한다. 놋사슬에 둑인 채 감옥에서 연자맷돌을 돌리는 처량한 신세로 전락한다.

나는 이 순간이 삼손 인생의 절정이라고 믿는다. 천하무적 상남자가 이렇게까지 바닥을 치면 순식간에 무너지기 쉽다. 부러질지언정 휘어지지는 않는다고 큰소리치면서 사무라이처럼 할복이라도 택하는 게 멋지다고 허세를 부릴 수도 있다. 하지만 삼손은 그 자리를 견뎌 낸다. 삼손 같은 기질의 소유자가 그토록 굴욕적인 시간을 참아 낸다는 건 죽음에 가까운 일이다.

어둠 속에 갇히니 더 잘 보이는 게 있다. 자기 힘의 비밀은 다름 아니라 하나님의 선물이라는 사실! 본래 자기 것이 아니었다. 하나님이 당신의 뜻을 이루기

마스터 E. S., <삼손의 머리카락을 자르는 들릴라>, 1460년경

●

15세기 독일에서 대중적 인기를 끈 정체불명의 판화가 마스터 E. S.가 삼손과 들릴라를 판화로 새겼다. 섬세한 표현도 압권이지만, 들릴라의 의기양양한 표정이 눈길을 사로잡는다.

위해 맡기셨다.[5] 삼손은 비로소 소명에 접속한다. 그의 기도가 겸손하다. "주 하나님, 나를 기억하여 주시기를 간절히 바랍니다. 하나님, 이번 한 번만 힘을 주시기를 간절히 바랍니다"삿 17:28.

다시 자라기 시작한 머리카락을 손으로 더듬으며, 모태에서부터 나실 사람으로 구별되었던 자신의 운명을 곱씹었으리라. 방탕하게 호기를 부린 지난날에 대한 참회가 밀려왔으리라. 이제 그는 우는 남자가 되었다. 연약한 사람이 되었다. 하나님의 도움이 없이는 아무것도 할 수 없는. 사람의 희망이 여기에 있다. 하나님이 드디어 그와 함께 일하신다. 사사 삼손의 명예가 마침내 회복되었다. 낮은 자리가 은총이다.

삶과 죽음을 가른
암호

르완다 내전의 기억

넷플릭스 영화 〈트리 오브 피스〉(2022)는 르완다 이야기다. 1994년에 후투족이 투치족을 상대로 벌인 대학살을 그린다. 대략 백 일 동안 80여만 명의 투치족이 무참히 살해당했다. 후투족 사내들은 정글에서 뒤엉킨 덩굴을 자를 때 쓰는 무시무시한 마체테를 휘두르며 닥치는 대로 투치족 남자들을 사냥하고 여자들을 강간했다. 그뿐만이 아니다. 같은 후투족이라 해도 투치족을 감싸며 학살에 가담하지 않은 '온건파' 역시 즉결 처형을 피하지 못했다. 영화는 후투족 온건파에 속한 교사 프랑수아가 자신의 아내를 부엌 지하 식량창고에 숨기면서 시작된다. 이 비좁은 창고에는 프랑수아가 구한 다른 여성들도 숨어드는데, 가톨릭 수녀와 미국 여대생이 그들이다. 여기에 투치족 소녀까지 들어오면서 밀실의 갈등과 공포는 극에 달한다.

이 영화를 보고 나서 '후투족 나쁘네' 욕하고 지나가는 건 아주 초보적인 감상 태도다. 후투족이 왜 그렇게 됐나를 살필 필요가 있다. 배후에 유럽, 이 경우에는 독일과 벨기에가 놓인다. 19세기 말에 독일이 르완다와 부룬디를 합병해 식민지로 삼았다. 그러다 1차 세계대전에서 독일제국이 패하자, 국제연맹이 이 지역을 벨기에에 넘겼다. 벨기에 식민정부는 '나누어서 지배하라'는 분할통치 원칙을 철저히 고수했다. 같은 흑인이라도 생김새가 유럽인을 닮은 투치족을 권력의 자리에 대거 등용하고 '아프리카스럽게' 생긴 후투족을 짐승처럼 부렸다. 후투족의 원한은 이렇게 배태되었다.

2차 세계대전 이후 국제연합의 신탁통치를 거쳐

마침내 르완다가 부룬디와 분리되고(1959) 벨기에로부터 독립을 얻게 되자(1962), 후투족과 투치족의 갈등이 본격화되기 시작했다. 서서히 가열되던 내전 분위기는 1994년 후투족 출신 대통령이 탄 비행기가 격추당한 사건을 계기로 불이 붙었다. 억눌린 후투족의 분노가 용수철처럼 튀어 올랐다. 복수에 눈이 먼 후투족은 투치족 사람들을 '바퀴벌레'라 부르며 눈에 띄는 대로 '박멸'했다.[1]

요단강과 쉬볼렛

2007년 10월 콜롬비아 출신 여류작가 도리스 살세도가 영국 런던 테이트 모던 갤러리의 핵심 전시공간인 터빈홀에 자신의 작품을 전시했다. 콘크리트 바닥에 167미터에 달하는 긴 금을 긋고, 그 사이를 벌려 틈을 만든 것이다. 가장 넓은 곳은 거의 60센티미터나 벌어져 있었다. 아무 생각 없이 전시장을 찾았다가 쩍 벌어진 균열을 보게 된다면 누구든지 혼비백산하는 건 당연한 일. 지진이라도 났는가 싶어 건물 밖으로 뛰쳐나가는 이들도 있었다나. 숱한 에피소드를 남기며, 무명에 가까웠던 살세도를 유명인사로 만든 이 '작품'의 이름은 〈쉬볼렛〉. 나라 이름 자체에 제국주의 상흔이 물씬 풍기는 콜롬비아 태생의 살세도는 왜 이런 작품을 '대영제국' 한복판에 전시했을까?

히브리말로 '곡식 이삭' 또는 '힘차게 흐르는 강물'을 뜻하는 쉬볼렛은 사사기 12장에 등장한다. 때는 주전 13세기에서 11세기 사이, 이스라엘이 아직 국가를 형성하지 않고 부족(지파) 연맹체로 지내던 '사사 시대'다. 연맹체의 주도 세력인 에브라임 지파가 터 잡은 서쪽, 그러니까 요단강 건너편에 길르앗 지파가 살고 있었다. 워낙 약소 지파여서 안팎으로 시비가 끊이지 않았는데, 특히 에브라임 쪽에서는 길르앗의 지도자 입다가 눈에 거슬렸다. 출신성분이 미천한 데다 야망마저 컸기 때문이다.

사사기 12장 1절을 읽어 보자. "에브라임 지파 사람이 싸울 준비를 하고 요단강을 건너 사본으로 와서, 입다에게 말하였다. '너는 왜 암몬 자손을 치러 건너갈 때에 우리를 불러 같이 가지 않았느냐? 우리가 너와 네 집을 같이 불태워 버리겠다.'" 길르앗 부족이 암몬 족속과 싸워 이겼다. 그러면 같은 이스라엘 자손에 속한 에브라임으로서는 축하해 줘야 마땅하겠다. 근데 전쟁하러 나가면서 왜 자기네한테 알리지 않았냐고 따져 묻는다. 나아가 길르앗 부족을 몰살하겠다고 선전포고를 한다. 한마디로 약소 부족이 건방진 게 싫다는 뜻이다. 이에 순순히 사과할 입다가 아니다. 그는 기다렸다는 듯이 "길르앗 사람들을 모두 불러모아, 에브라임 지파 사람들과 싸워 무찔렀다"삿 12:4.

여기서 끝냈다면 그나마 '정당방위'로 봐줄 수도 있겠다. '눈에는 눈, 이에는 이'라는 동해보복법同害報復法에 따른 조치였다고 말이다.[2] 하지만 사람 마음이 어디 그런가? 내가 당한 만큼 갚아 주리라 마음먹는 순간, 당한 울분이 증폭된다. 내가 한쪽 눈을 다쳤다면, 상대방은 두 눈을 멀게 해야 직성이 풀린다. (그래도 직성이 안 풀리는 경우가 많다.) 입다는 폭주한다. 살아서 도망치는 에브라임 사람들을 끝내 붙잡아 씨를 말릴 요량이다.

토벌 작전이 전개된다. 그러려면 에브라임 사람인지 아닌지 가려내야 한다. 입다의 머릿속에 불현듯이 한 단어가 스친다. 쉬볼렛. 에브라임 사람들은 선천적으로 이 단어를 똑똑이 발음하지 못한다. '쉬'가 어려워

'시'라고 내뱉는다. 마치 경상도 사람들이 '쌀'을 '살'이라 발음하는 것처럼. 완벽한 계획이다. 입다는 길르앗 병사들에게 요단강을 가로막고서 누구든 나타나 강을 건너가려고 하면 '쉬볼렛'을 발음해 보도록 명한다. "그가 그 말을 제대로 발음하지 못하고 시볼렛이라고 발음하면, 길르앗 사람들이 그를 붙들어 요단강 나루터에서 죽였다. 이렇게 하여 그때에 죽은 에브라임 사람의 수는 사만 이천이나 되었다"삿 12:6. (개정개역에는 '쉬볼렛'이 '쉽볼렛'으로, '시볼렛'이 '십볼렛'으로 표기되어 있다.)

간토대진재와 쥬오고엔

이 대목에서 나는 우리 역사에 흐르는 또 하나의 요단강을 떠올린다. 바로 백 년 전 자행된 간토대진재 조선인학살 사건이다. 1923년 9월 1일 토요일 오전 12시쯤, 일본 요코하마 앞바다에서 일어난 진도 7.9의 강진이 도쿄와 간토 일대를 덮쳤다. 2011년 3월 11일 후쿠시마 원전 사고로 이어진 지진 규모가 7.3이었던 걸 떠올리면, 7.9라는 숫자의 위력을 대충 짐작할 수 있으리라.

'진재震災'라 했다. 진재란 지진 이후에 발생하는 재난을 가리킨다. 지진이야 어쩔 수 없는 자연현상이지만, 진재는 다르다. 인간의 욕망이 개입된다. 간토대지진이 일어난 당일 오후 세 시부터 유언비어가 퍼지기 시작했다. '조선인들이 우물에 독을 탄다, 조선인들이 불을 지르고 다닌다….' 지진이라는 자연현상에 대한 일본인들의 반응은 조선인학살로 나타났다. 그렇지 않아도 삼일 만세운동으로 불편하던, 여기에 더해 장기불황으로 불안하던 일본인들의 민심에 일본 정부가 기름을 끼얹어 주었다. 상하이 임시정부 기관지 〈독립신문〉의 조사에 따르면, 학살당한 조선인 수는 무려 6,661명에 달한다(1923년 12월 5일 자).

김응교 교수(숙명여대)가 최근작에서 쓰보이 시게지(1898-1975)의 장시長詩 〈15엔 50전〉을 국내 최초로 번역·소개했다.[3] 일본시라면 단시(短詩, 하이쿠)밖에 모르는 이들은 14연 204행이나 되는 이 시 앞에서 고개를 갸우뚱거릴 것이다. 저자의 설명이 친절하다. 일본 근대시는 유럽 근대시의 영향을 받아 '자아의 밀실'에 갇힌 경향이 짙은데, 쓰보이 시게지는 이에 저항하여,

시가 사적私的 세계로부터 서사敍事 세계로 나올 것을 주장했단다. 그가 생각하는 "서사시적 정신이란, 어떤 현실적인 어둠에 압도되지 않고, 아울러 어떤 어둠도 밝혀내는 광원을, 현실과 서로 연결 지어, 그것과 격투하면서, 시인 자신을 주체로서 창조하여, 장치하는 정신이다."[4]

이 정신으로 쓰보이 시게지는 간토대진재를 고발한다. "-십오 엔 오십 전이라고 해 봐!/ 손짓당한 그 남자는/ 군인의 질문이 너무도 갑작스러워/ 그 의미를 그대로 알아듣지 못해/ 잠깐, 멍하게 있었지만/ 곧 확실한 일본어로 대답했다/ -쥬우고엔 고쥬센/ -좋아!/ 칼을 총에 꽂은 병사가 사라진 뒤에/ 나는 옆에 남자의 얼굴을 곁눈질로 보면서/ -쥬우고엔 고쥬센/ 쥬우고엔 고쥬센/ 이라고 몇 번씩이나 마음속으로 반복해 보았다/ …/ 나라를 빼앗기고/ 말을 빼앗기고/ 최후에 생명까지 빼앗긴 조선의 희생자여/ 나는 그 수를 셀 수가 없구나/ …"

나흘의 애도, 롯 생명과 연대하기

간토대진재 조선인학살 사건을 떠올리면서, '일본 나쁘네' 욕하고 마는 건 너무나 말초적인 기억법이다. 다시 성경 속 입다 이야기로 돌아가 보자. 그에 관해 좀 더 알아보아야겠다. "길르앗 사람 입다는 굉장한 용사였다. 그는 길르앗이 창녀에게서 낳은 아들이다"삿 11:1. 짧은 구절 안에 곡진한 정보가 들어 있다. 어머니가 창녀라는 이유로 아버지의 사랑을 받지 못했다. 형제들로부터도 업신여김을 당했다. 차별에 무방비로 노출된 채 성장하다 결국 쫓겨났다.

돕 땅에 정착한 그의 주변으로 고만고만한 사람들이 몰려들기 시작했다. 그이처럼 사회에서 버림받은 사람들, 쓸 게 주먹밖에 없는 건달들이었다. 음지에서 살던 그가 양지로 올라설 기회가 왔다. 암몬 족속이 쳐들어온 거다. 일찌감치 입다에 관한 소문을 듣고 있던 길르앗 장로들이 돕 땅까지 와서 그에게 '지휘관'이 되어 달라고 요청했다. 흥미로운 건 입다의 반응이다. '지휘관' 정도로는 성에 차지 않는다. '통치자'가 되겠다고 선언한다.[5]

입다는 무슨 수를 써서든 전쟁에서 이겨야겠다고 다짐한다. 전쟁이 하나님께 속한 것이라는 신학 따위는 그의 머릿속에 아예 입력돼 있지 않다. 보란 듯이 이겨서 자신의 존재감을 확실히 드러내고 입지를 굳건히 다질 욕망으로 똘똘 뭉쳐 있다. 그의 유명한 서원기도는 이 맥락에 자리한다삿 11:30-31.[6] 귀환하는 전사를 맞이하는 건 여자들의 몫이라는 걸 그도 알고 있었을 것이다. 신앙은 거래가 아닌데도 탐욕이 그를 그렇게 몰아갔다.

이제 성서 화자는 담담히 외동딸의 이야기를 들려준다. 아버지의 욕심으로 인해 죽게 생긴 불쌍한 딸에게 우리의 온 시선을 집중시킨다. "처녀로 죽는 이 몸, 친구들과 함께 산으로 가서 실컷 울도록 해 주시기 바랍니다"삿 11:37. 그녀는 두 달의 말미를 얻어 친구들과 함께 애도 여행을 떠난다. 그녀의 때 이른 죽음을 함께 슬퍼하는 친구들의 연대가 아름답게 펼쳐진다. 놀라운 건 이 연대가 일회성이 아니라는 점이다. "이스라엘에서 한 관습이 생겼다. 이스라엘 여자들은 해마다 산으로 들어가서, 길르앗 사람 입다의 딸을 애도하여 나흘 동안 슬피 우는 것이다"삿 11:39b-40.

귀스타브 도레, <입다의 딸과 친구들>, 1891, 성경 삽화

●

입다의 딸은 수동적으로 죽임당하지 않는다. 능동적으로 희생을 선택한다. 이 명예로운 결단에 벗들이 연대한 사건은 훗날 전통이 되고 역사로 남는다.

이쯤에서 영화 〈트리 오브 피스〉의 결말이 궁금하다. 발을 뻗기조차 힘든 비좁은 밀실에 숨은 네 여인은 어찌 되었나? 흑인 대 백인, 이슬람 대 가톨릭, 후투족 대 투치족 등 온갖 갈등 요소로 반목하던 그들은 시간이 지나면서 점차 마음의 벽을 허물게 되었다. 속내를 들어보니 모두 상처 입은 영혼들인 거다. 이 단순한 깨달음이 그들을 자매로 묶었다. 영화니까 가능하다고 쉽게 말하지 말자. 이건 허구가 아니라 실화다!

　　입다의 딸은 이렇게 부활한다. 타자의 죽음에 연대하는 애도문화야말로 세상을 치유하는 생명수가 아닐는지. 쓰보이 시게지의 시가 가닿고 싶은 지점도 그곳일 테다. 타자를 '박멸'하려는 시대정신에 맞서 기어코 타자를 환대하려는 마음, 하늘은 이렇게 낮은 자리에 임재한다.

다니엘과
세 친구

우상화는
죽음이니

누구나 아는 이름인데

1979년 10월 27일은 토요일이었다. 초등학생이던 나는 야외 사생대회에 마음이 들떠 발걸음도 가볍게 교실에 들어섰다. 스케치북이며 크레파스며 미술 도구를 주섬주섬 챙기고 있는데, 갑자기 스피커에서 다급한 목소리가 흘러나왔다. 간밤에 대통령이 돌아가셔서 오늘 행사가 취소되었다는 내용이었다. 아이들이 하나둘씩 책상에 엎드려 울기 시작했다. 나도 울었다. 왜 울었는지는 정확히 기억나지 않는다. 그저 기대하던 사생대회가 무산된 게 속상해서 울지 않았을까 하는 심증이 있을 뿐이다.

영화 〈서울의 봄〉(2023)은 이른바 '12·12사태'를 다룬다. 박정희의 18년 장기집권이 1979년 10월 26일로 막을 내렸다. 영화는 그 이후 12월 12일 저녁 7시부터 이튿날 새벽 4시까지 일어난 군사 반란을 스크린에 담는다. 반란군 수뇌인 전두환(황정민 역)과 진압군 지휘관 장태완(정우성 역)의 대결이 주요 얼개다.

한데 영화에 등장하는 인물들의 이름이 어째 수상하다. 실화를 바탕으로 했다면서 전두환을 전두환이라 부르지 못하고 '전두광'이라 칭한다. 전두환의 오른팔 노태우 역시 '노태신'으로 나온다. 다큐멘터리가 아니라 영화니까 '영화적 상상력'을 확보하기 위해 그랬다고 봐줄 수도 있다. 감독 역시 어느 매체와 진행한 인터뷰에서 '창작자의 자유를 획득하기 위해' 실존 인물들의 이름을 바꾸었다고 설명했다.[1]

하지만 박정희 암살 사건을 다룬 〈그때 그 사람들〉(2005)이 실존 인물들의 이름을 그대로 사용한 바람에 곤욕을 치른 게 일종의 방어기제로 작용하지 않았나 싶기도 하다. 임상수 감독이 메가폰을 잡은 그 영화는 어차피 온 국민이 아는 사건을 다루며 실명을 사용했다. 이에 박지만 등 유족이 사자死者 명예훼손이라며 제작사를 상대로 소송을 걸었다. 지루한 법정 공방 끝에 제작사는 〈그때 그 사람들〉에 "대부분의 세부사항과 등장인물의 심리묘사는 모두 픽션입니다"라는 자막을 넣어야 했다.

그 와중에 이른바 '박정희 우상화' 작업이 속속 진행되었다. 경북 구미시에 자리한 박정희 생가生家를 복원하고 그 옆 공원에 박정희 동상을 건립하는 프로젝트가 관민 협동으로 추진되었다.[2] "조국 근대화와 민족중흥을 이룩한 위대한 업적을 재조명"한다는 명분이었다.[3] 5미터 높이의 거대한 박정희 동상이 그의 '탄신 94회 기념식'에 맞추어 대중에게 공개되었다. 동과 주석의 비율을 8대 2로 배합한 이 동상은 햇빛을 받으면 황금빛으로 번쩍인다. 서울 광화문에 있는 세종대왕 동상을 제작한 조각가의 손을 거쳐 만들어졌다.

짐승의 통치

다니엘서는 주전 2세기 중엽, 유대 팔레스타인이 셀레우코스 왕조의 지배를 받던 시절에 기록되었다. 셀레우코스 왕조는 마케도니아 출신의 정복왕 알렉산더가 죽고 나서 넷으로 분할된 제국 중 하나였다. 이 무렵 이스라엘은 거듭되는 억압과 약탈로 인해 지칠 대로 지친 상태였다. 앗시리아, 바빌로니아, 페르시아, 마케도니아 등 잇단 제국들의 식민지배를 겪는 사이에 사람이 사람답게 사는 세상을 미치도록 그리워했다.

앞서 이스라엘을 침략한 '사자', '곰', '표범'도 두렵기 짝이 없었는데, 네 번째 짐승은 상상 그 이상이었다. "그것은 사납고 무섭게 생겼으며, 힘이 아주 세었다. 이 짐승은 쇠로 된 큰 이빨을 가지고 있어서, 그것으로 먹이를 잡아먹고, 으스러뜨리며, 먹고 남은 것은 발로 짓밟아 버렸다. 이 짐승은 앞에서 말한 짐승들과는 달리, 뿔을 열 개나 달고 있었다"단 7:7.

아마도 마케도니아 창병 부대를 암시하는 기억일 테다. 이토록 무시무시한 고난은 과거형이 아니었다. 셀레우코스 왕조로 얼굴을 바꾸어 현재형으로 이어지고 있었다.⁴ 특히 임금 안티오쿠스 4세 에피파네스가 지독한 독재자였다. 유대인들이 일상에서 쓰는 주화에 자기 얼굴을 새겨넣고 그 옆에 '신'이라고 적는 모독을 서슴지 않았다. 율법을 읽거나 소지하는 행위도 금지되었다. 예루살렘 성전이 제우스 신전으로 바뀌었으며, 유대인들이 금기시하는 돼지가 신전 제물로 바쳐졌다.⁵ 유대인들의 정신을 말살해 다시는 일어서지 못하도록 짓밟기 위함이었다.

다니엘서는 그렇게 어두운 시대를 위로하는 책이다. 바빌론 포로기를 역사적 배경으로 삼고 있지만, 독자는 어디까지나 셀레우코스 왕조 치하의 식민지 백성들이다. 과거 바빌로니아 제국의 잔인한 횡포 속에서 꿋꿋이 견뎌 낸 씨알들의 이야기를 '문학적 상상력'을 가미해 풀어낸다. 그때 그 사람들이 마음을 굳건히 다잡아 엄혹한 세월을 이겨 냈듯이 우리도 겨울왕국에 갇혀 얼어 죽지 말고 끝내 봄을 맞이하자며 등을 토닥인다.

다니엘서는 다니엘과 세 친구가 주요 등장인물이다. 바빌로니아의 느부갓네살 왕이 예루살렘을 무너뜨렸다. 예루살렘 성전 기물들을 약탈하고 이스라엘 백성들을 포로로 끌고 갔다. 느부갓네살 왕은 환관장에게 명령해 포로 중에서 왕족과 귀족의 자손, 그중에서도 "몸에 흠이 없고, 용모가 잘생기고, 모든 일을 지혜롭게 처리할 수 있으며, 지식이 있고, 통찰력이 있고, 왕궁에서 왕을 모실 능력이 있는 소년들을 데려오게 하여서, 그들에게 바빌로니아의 언어와 문학을 가르치게 하였다"1:4. 이 소년들 틈에 다니엘과 세 친구가 있었다.

망국 백성의 슬픔

느부갓네살 왕이 이스라엘 포로 청년들에게 한 짓은, 말하자면 국혼國魂 말살이었다. 겉으로는 시혜를 베푸는 양 '바빌로니아의 언어와 문학'을 가르쳤다지만, 속내는 정신 세탁이었다. 그 증거가 이름같이다. 일제강점기 이 땅에서 자행된 창씨개명과 비슷하다. 다니엘은 벨드사살, 하나냐는 사드락, 미사엘은 메삭, 아사랴는 아벳느고로 이름이 바뀌었다1:7. '신실한' 유대식 이름 대신에 '신실한' 바빌론식 이름으로 불리게 되었다.[6]

그런 모욕을 겪으면서도 다니엘과 세 친구는 인

간의 존엄과 명예를 포기하지 않았다. 환관장이 주는 '왕의 음식과 포도주'1:8를 거부하고 '채식과 물'1:12로 연명했다. 특권을 누리는 대신에 자발적 고난을 택했다. 공부는 또 얼마나 잘했던지, 정해진 왕실 교육 기간이 끝날 즈음에는 바빌로니아의 문학과 학문에 능통한 재목이 되어 있었다1:17. 왕은 이들의 실력이 탁월함을 확인하고는 큰 벼슬을 내렸다. 다니엘은 중앙관리로, 그의 세 친구는 지방관리로 등용했다2:49.

대부분의 세속 서사는 이 대목에서 끝나기 쉽다. 포로민, 난민, 이주민, 사회적 약자, 소수자 신분으로 주류 사회에 진입했으면 성공한 것 아니냐며, '신데렐라' 판타지로 마무리한다. 하지만 성경 서사는 다르다. 이제부터 본론에 들어간다. 드디어 갈등과 대립 구도가 나온다. 그 계기가 느부갓네살 왕이 세운 신상 제막식이다. 왕이 금으로 "높이가 예순 자, 너비가 여섯 자"3:1 되는 신상을 만들었다. 옛 번역본 성경에서는 히브리어 단위 그대로 '규빗'이라 적었다. 팔꿈치에서 가운뎃손가락 끝까지를 잰 길이다. 대략 45센티미터라 치면, 높이가 27미터 너비가 2.7미터쯤 되겠다.

제국의 너른 평지에 거대한 금 신상이 우뚝 섰다.

아마도 바빌론의 수호신 마르둑의 형상을 띠었거나 느부갓네살 왕의 얼굴이 새겨졌을지 모를 일이다. 여기까지는 어쩔 수 없다 치자. 문제는 제막식 날, 왕이 내린 수상한 명령이다. "민족과 언어가 다른 뭇 백성들은 들으시오. 뭇 백성에게 하달되는 명령이오. 나팔과 피리와 거문고와 사현금과 칠현금과 풍수 등 갖가지 악기 소리가 나면, 느부갓네살 왕이 세운 금 신상 앞에 엎드려서 절을 하시오. 누구든지, 엎드려서 절을 하지 않는 사람은, 그 즉시 불타는 화덕 속에 던져 넣을 것이오"3:4-6.

비록 그렇게 되지 않더라도

정현종 시인은 〈우상화는 죽음이니〉라는 제목의 시에서 이렇게 꼬집었다. "神格은 우습지./ 우상은 癌이요/ 우상화는 에이즈요/ 하여간 전면적인 죽음이니,/ 사람이든 사상이든 그 무엇이든/ 하나밖에 없으면 말할 나위없이/ 전면적인 죽음이니—"[7] 전체주의의 위험성을 꿰뚫어 본 시인의 눈이 매섭다. 다니엘의 세 친구, 그러니까 사드락, 메삭, 아벳느고로 이름갈이를 당한 하나냐, 미사엘, 아사랴도 그런 시인의 눈을 지녔나 보다. 그들은 느부갓네살 왕을 신격화하는 프로젝트에 동의할 수 없었다. 신상에 절하지 않은 채로 꼿꼿이 서 있었다.

화가 난 왕이 그들을 붙잡아 오라 명한다. 추궁과 회유가 이어진다. 지금이라도 신상에 엎드려 절을 하면 없던 일로 넘어가 주겠단다. 그래도 끄떡하지 않는다. "이 일을 두고서는, 우리가 임금님께 대답할 필요가 없는 줄 압니다"3:16. 왕의 말을 싹둑 자르더니 당돌하게 대꾸한다. "불 속에 던져져도, 임금님, 우리를 지키시는 우리 하나님이 우리를 활활 타는 화덕 속에서 구해 주시고, 임금님의 손에서도 구해 주실 것입니다. 비록 그렇게 되지 않더라도, 우리는 임금님의 신들은 섬기지도 않고, 임금님이 세우신 금 신상에게 절을 하지도 않을 것입니다"3:17-18.

신앙은 하나님의 뜻에 자기를 내던지는 무한신뢰의 다른 이름이다. 죽이든지 살리든지 하나님이 알아서 하시겠지, 그저 믿고 나아간다. 이 용기의 밑절미는 불타는 화덕 속에 던져져 설령 뼈도 못 추리고 산화할지라도 국가 우상화에 동조할 수 없다는 의지다. 다니엘의 세 친구는 이토록 단단한 인문정신 위에 신앙의 기초를 세웠다. 그런 신앙만이 신상에 맞설 수 있는 '초능력super power'을 뿜어낸다. 신상은 유한하나, 신앙은 무한하니까 말이다.

왕은 화가 잔뜩 났다. "사드락과 메삭과 아벳느고를 보고 얼굴빛이 달라져, 화덕을 보통 때보다 일곱 배나 더 뜨겁게 하라고 명령하였다"3:19. 그동안의 관용이 본색을 드러낸 셈이다. 민족과 언어가 다른 뭇 백성을 제국의 도가니에 집어넣고 푹푹 삶아서 하나의 정체政體로 통합하려던 속셈이 여실히 드러났다. 다니엘의 세 친구는 결박당한 채로 맹렬히 타는 화덕 속에 던져졌다! 어찌나 뜨겁던지 그들을 붙들어 던진 군인들마저 화염에 타서 죽을 정도였단다.

한데 웬일인가? 느부갓네살 왕이 보니 다니엘의 세 친구가 모두 결박이 풀린 채로 화덕 안에서 걷고 있다. 털끝 하나 상하지 않았다. 게다가 세어 보니 세 사람이 아니라 네 사람이다. "더욱이 넷째 사람의 모습은 신의 아들과 같다!"3:25 신앙고백에 가까운 이 발언이 대체 누구 입에서 흘러나왔더란 말인가? 다름 아닌 느부갓네살 왕이다. 이쯤 되면 독자들은 배를 잡고 웃었

SHADRACH, MESHACH, AND ABED-NEGO IN THE FIERY FURNACE
Then Nebuchadnezzar the king was astonied, and rose up in haste, and spake, and
said unto his counsellors, Did not we cast three men bound into the midst of the fire?
...(Daniel 3: 24) (3:23)

귀스타브 도레, <화덕 속의 사드락, 메삭, 아벳느고>, 1866, 성경 삽화

●

살다 보면 불구덩이를 맞닥뜨릴 때가 있다. 대부분은 일단 피하고 본다. 하지만 다니엘의 세 친구는 피하지 않는다. 설령 하나님이 구해 주시지 않더라도 괜찮다고 믿는다.

을지도 모를 일이다. 얼마나 통쾌한 반전인가!

지독한 박해와 고난 중에도 하나님이 우리와 함께하신다는 믿음이 다니엘서를 낳았다. 세상은 느부갓네살 왕 같은 이들의 손아귀에 있는 것처럼 보인다. 그들의 권력에 기생해, 그들을 우상화해 주는 대가로 세상 복락을 누리려는 욕망 덩어리들이 많지만, 다니엘의 세 친구는 다르다. 기꺼이 낮은 자리에 머문다. 화덕 속에서 그들이 하는 말은 또 얼마나 참된가? "우상화하지 말라/ 위대하신 누구이든/ 우상화 법석 속에서는/ 우상도 시체요/ 우상화하는 사람들도 시체이니"(정현종, 〈우상화는 죽음이니〉 중에서).

2부

아름다움이 세상을 구원한다

리스바

복수혈전을
멈추라

피의 초막절

그날은 초막절이었다. 초막절은 유월절, 칠칠절(오순절)과 더불어 유대교의 3대 절기 중 하나다. 팔레스타인 가자 지구에 인접한 이스라엘 남부 레임 키부츠에서 야외 음악제가 열리고 있었다. '슈퍼노바 초막절 행사 Supernova Sukkot Gathering'에 모인 젊은이들은 여느 나라 청춘들이 그러하듯 신나는 음악에 맞춰 춤추고 놀았다.

그러나 이 평화로운 일상의 순간은 이내 핏빛 재앙으로 돌변하고 말았다. 팔레스타인 무장 정파 하마스가 들이닥쳐 무차별 살상을 했다. 수백 명이 죽고 수백 명이 인질로 끌려갔다. 하마스의 도발에 이스라엘은 강력히 대응했다. 하마스와 팔레스타인은 별개인데도, 이 참에 팔레스타인을 무너뜨릴 요량인지 거세게 밀어붙였다. 팔레스타인이라고 해 봤자 가자 지구와 서안 지구밖에는 남아 있지 않다. 이미 서안 지구에 정착촌을 건설하고 야금야금 그 땅을 잠식해 들어가던 이스라엘은 하마스 소탕을 내세워 가자 지구에 대한 '인종청소'를 단행했다.

2023년 10월 7일에 시작된 하마스-이스라엘 전쟁은 해를 넘겨 계속 이어졌다. 2024년 1월 말, 가자 지구의 팔레스타인 사망자 수는 2만 4천 명을 넘어섰다. 그중 75퍼센트가 여성, 어린이, 노인이다. 가자 지구 보건부는 이스라엘이 공습을 시작한 이래 어린이가 날마다 100명씩 죽어 나갔다고 밝혔다. 성탄절에도 이스라엘의 공습은 멈추지 않았다. 성탄절 하루에만 팔레스타인 가자 지구 난민촌에서 250여 명이 목숨을 잃고 500여 명이 다쳤다.[1] 희생자 중 다수는 여성, 어린이, 노인이었다.

첨단과학과 첨단무기는 떼려야 뗄 수 없는 관계다. 이때의 첨단이란 이른바 '하이테크hi-tech' 기술에 힘입어 인간 삶의 질을 높이는 데 공헌한다는 뜻이다.[2] 한데 기이한 일이다. 첨단과학을 등에 업은 첨단무기가 어째서 민간인을 더 많이 죽이고 다치게 하냔 말이다. 이쯤 되면 전쟁의 명분에 회의가 든다. 세상의 모든 전쟁에는 나름의 이유와 대의가 있기 마련이다. 하지만 명분이 생명을 앞설 수는 없는 노릇이다.[3] 전쟁도 다 살자는 전쟁이어야지 죽이자는 전쟁이면 못 쓴다. 그럴싸한 명분에 속아서 이편저편 휩쓸리다가는 무고한 생명만 전쟁 귀신에게 제물로 내주게 된다.

보복의 악순환

때는 다윗 정권 말기. 3년이나 이스라엘이 흉년으로 고생했다. 참다못해 다윗이 하나님께 곡절을 여쭈니, 하나님이 말씀하시기를 "사울과 그의 집안이 기브온 사람을 죽여 살인죄를 지은 탓"이란다 삼하 21:1.[4] 본문은 친절하게도 '기브온 사람'의 정체도 밝혀 주고 있다.

그들은 본래 이스라엘 백성이 아니고, 이스라엘에 동화되어 함께 살아가던 족속인데, "사울은 이스라엘과 유다 백성을 편파적으로 사랑한 나머지, 할 수 있는 대로 그들을 다 죽이려고 하였다"삼하 21:2는 설경이다.

기브온 땅에서 전쟁을 벌인 건 엄밀히 말하면 사울이 아니라 이스보셋이었다. 사울이 죽고 다윗이 헤브론에서 유다 족속의 왕으로 추대된 뒤, 사울의 군사령관을 지낸 아브넬 장군은 사울의 아들 이스보셋을 데리고 마하나임으로 가서 그를 이스라엘의 왕으로 추대했다삼하 2:8-11 참고. 그러고는 요압 장군이 이끄는 다윗의 부하들과 전쟁을 벌인 곳이 기브온이다. 그러니까 기브온 족속이 애꿎게 대량학살을 당한 건 이스보셋의 부하들과 다윗의 부하들 때문이라고 해야 맞을 것 같은데, 성서 기자는 어쩐 일인지 사울만 콕 집어 비난한다.

아무튼 흉년의 원인이 기브온 사람들을 죽인 죄 때문으로 추정되자, 다윗은 기브온 사람들에게 어떻게 보상해 주면 좋겠냐고 묻는다삼하 21:3. 이에 기브온 사람들은 사울이나 그의 집안과 우리 사이의 갈등은 은이나 금으로 해결할 문제가 아니라고 답한다삼하 21:4. "사울은 우리를 학살한 사람입니다. 그는, 이스라엘의 영토 안에서는, 우리가 어느 곳에서도 살아남지 못하도록, 우리를 몰살시키려고 계획한 사람입니다. 그의 자손 가운데서 남자 일곱 명을 우리에게 넘겨주시기를 바랍니다"삼하 21:5-6.

이스보셋은 이미 휘하의 군지휘관 두 명에게 암살당했다삼하 4장. 사울의 자손 가운데 유일하게 남은 핏줄은 요나단의 아들 므비보셋뿐이다. 그의 나이 다섯 살 때, 전쟁을 피해 유모의 등에 업혀 허둥지둥 도망치다가 떨어져 다리를 절게 되었다. 다윗은 어린 므비보셋을 거두었다. 도저히 왕이 될 재목이 아니라는 정치적 판단에서인지, 아니면 요나단과의 의리 때문인지, 그것도 아니면 단순한 연민 때문인지는 알 수 없다.

다윗의 고민이 깊어졌다. 이 불쌍한 므비보셋 말고는 사울의 직계 혈통이 다 제거된 마당에 '사울의 자손 가운데서 남자 일곱 명'을 어떻게 추린단 말인가? 상황이 이리 꼬이면, 대체로 지도자의 중재력이 빛을 발한다. 전쟁 영화나 하다못해 조폭 영화를 봐도 대장이 희생하는 경우가 많다. 차라리 나를 죽이라고, 내 선에서 피의 악순환을 끊겠다고 들이대면, 상대편도 못 이기는 척 물러선다. 하지만 못난, 아니 못된 대장은 절대 안 그런다. 상대편의 요구를 들어주는 척 굴면서 자기 세를 불리려 머리를 굴린다.

나무에 달린 일곱 남자

성경은 다윗이 "하나님의 마음에 드는 사람"행 13:22이라고 치켜세운다. 그에 걸맞게 멋진 대장 노릇을 해 주면 좋으련만, 이어지는 전개는 수준 이하다. 다윗은 사울의 족보를 샅샅이 뒤진다. 마침 사울의 후궁 리스바가 낳은 아들 둘과 사울의 맏딸 메랍의 아들 다섯이 남았다. 이들을 기브온 사람들에게 선뜻 내준다삼하 21:8-9.

메랍이라면 본래 자신과 혼담이 오갔던 공주다. 다윗이 블레셋 장수 골리앗을 물리친 일로 백성의 인기를 독차지하자, 위기감을 느낀 사울이 그의 환심을 사기 위해 혼인 거래를 제안했다. 그러자 다윗은 "제가 누구이며, 제 혈통이나 제 아버지 집안이 이스라엘에서 무엇이기에, 제가 감히 임금님의 사위가 될 수 있겠습니까?"삼상 18:18라며 펄쩍 뛰었다. 그러나 말은 이토록

귀스타브 도레, <리스바>, 1866, 성경 삽화

●

이름 뜻이 '뜨거운 돌'인 리스바는 이미 인생에서 수없이 많은 돌을 맞았다. 그래도 무너지지 않는다. 잡초처럼 일어나 평화를 위해 싸운다.

겸손하게 했지만, 속내는 그게 아니었던 모양이다. 사울이 메랍을 '아드리엘'이라는 남자에게 주어 버리자, 정교한 복수극을 펼친다. 자식 낳고 잘 살던 메랍의 가슴에 비수를 꽂는다. 그것도 자기 손이 아니라 기브온 사람들 손을 빌려서.

　이제 우리의 시선은 리스바에게로 옮아간다. 사울의 후궁이었던 그녀는 두 아들을 졸지에 잃었다. 성서는 딱 이 대목에서 침묵하는 경우가 많다. 남성의 역사history에서 여성이 아무 설명 없이 증발하는 건 성서도 예외가 아니다. 근데 희한한 일이 벌어진다. 그녀의 이야기herstory가 중단되지 않는다. 아니, 진짜 이야기가 여기서부터 시작된다.

　일곱 구의 시신이 줄줄이 매달려 있는 나무들 아래 리스바가 앉아 있다. 그중 둘은 제 아들이지만, 나머지 다섯은 제 아들도 아니다. 이들에 대한 처형식이 거행된 건 "곡식을 거두기 시작할 무렵, 곧 보리를 거두기 시작할 때"삼하 21:9였다. 이스라엘의 곡식 추수는 두 차례에 걸쳐 진행된다. 보리 추수가 5월쯤이고, 밀 추수가 7월쯤이다.

　한편 이스라엘의 기후는 건기와 우기로 나뉜다.

4-10월까지가 건기이고, 11-3월까지가 우기다. 리스바는 "보리를 거두기 시작할 때로부터 하늘에서 그 주검 위로 가을비가 쏟아질 때까지"삼하 21:10 시신들이 달린 나무 아래 꼼짝없이 앉아 있었다. 어림잡아 5월부터 11월까지 반년이나 그러고 있던 셈이다. "굵은 베로 만든 천을 가져다가 바윗돌 위에 쳐 놓고, 그 밑에 앉아서, … 낮에는 공중의 새가 그 주검 위에 내려앉지 못하게 하고, 밤에는 들짐승들이 얼씬도 하지 못하게 하였다"삼하 21:10.

뜨거운 돌

리스바의 흔적을 조금 더 더듬어 보아야겠다. 사울의 아들 이스보셋이 아브넬 장군의 도움으로 왕이 된 다음에, 아브넬을 불러 추궁하는 대목에서 그녀의 이름이 튀어나온다. "장군은 어찌하여 나의 아버지의 후궁을 범하였소?"삼하 3:7 여기 나오는 '아버지의 후궁'이 바로 리스바다. 이스보셋이 아브넬을 추궁한 뒤에 둘 사이가 벌어져, 아브넬이 돌연 다윗에게 전향하고 만다.

고대사회에서 선왕先王의 여자를 취한다는 건 권력 찬탈을 뜻한다. 압살롬이 부왕 다윗에게 맞서 반란을 일으킬 때도 아버지의 후궁들을 욕보였다. 그런 맥락에서 보면 아브넬 장군은 아마도 무능한 이스보셋을 권좌에서 끌어내리고 왕위를 탈취할 계획이 있었는지도 모르겠다. 아브넬이 사울과 사촌지간이었음을 고려하면, 무리한 추측도 아니다.

그러니까 리스바는, 왕가의 여인들이 거의 그러하듯, 정치 고수들의 이권 다툼에 만신창이가 된 인물인 거다. 남편을 여의고 홀로 된 여자, 남편의 정실이 낳은 아들이 왕이 된 상황에서 어디에도 기댈 데 없이 하루살이처럼 살던 후실, 그런 리스바를 아브넬 장군이 보란 듯이 강간했다. 여기에 더해 이번에는 자기 아들들마저 기브온 사람들 손에 살해당했다. 이 정도 처지라면 살아도 죽은 목숨이렷다. 성경이 아니라 현실에서 증발한들 충분히 이해됨 직하다.

한데 리스바는 버틴다. 일곱 구의 시신이 나무에 매달려 있는 현장을 지킨다. 끝내 살아남아 '행동'한다. 이 행동의 의미는 무엇인가? 죽은 자들이 무죄하다는 변호다. 그들은 다윗의 정치공학에 의해 억울하게 학살

당했다. 리스바는 방치된 주검들 아래 홀로 앉아 여섯 달을 버티며 다윗을 향해 울부짖는다. 죽음을 모독하지 말라고, 주검을 능욕하지 말라고!

소문이 무서웠을까, 아니면 하늘이 두려웠을까? 리스바의 행동이 마침내 다윗을 움직인다. 다윗은 사울과 요나단의 **뼈**를 수습하고 나무에 달린 일곱 구의 시신을 거두어 사울의 아버지 기스의 무덤에 정중히 합장한다.

성서는, 특히 군주 시대의 기록은 대량학살의 증언이 난무한다. 주적은 이웃 족속들이다. 그중에서도 형제 족속이라 할 에돔 족속이 미운털의 대명사로 등장한다. 야곱 집안 중심의 역사 서술은 에서에서 발원한 에돔 족속을 증오하고 저주하는 언어로 가득하다. 오바댜서가 대표적이다. 이런 언어에 익숙해지면 다윗 왕가가 에돔 족속을 향해 저지른 폭력이 은폐되거나 지워져 버린다. 솔로몬에게 반기를 든 에돔 지도자 하닷의 분노에 공감하지도, 이해하지도 못한다.

그러나 성서는 놀랍게도 적대의 기억만이 아니라 화해의 기억도 증언한다. 창세기 33장에 등장하는 야곱과 에서의 화해 장면을 떠올려 보라.[5] 얍삽한 야곱을 통 큰 에서가 너그럽게 용서한다. 에서는 피해자다. 야곱의 잔꾀에 속아 장자권을 빼앗겼다. 한데 야곱의 위치에서 보면 도리어 피해자는 자기다. 태어난 순서에 따라 운명이 결정되는 구조 자체가 악이 아니면 무엇인가? 사회적 모순과 부조리에 휘둘려 적대하던 형제는 결국 화해를 모색한다. 서로의 얼굴에서 '하나님의 얼굴'을 발견하고 부둥켜안는다창 33:10. 애증의 역사가 지루한 보복전으로 반복되지 않고 화해로 수놓아지기를 염원하는 민초들의 소망이 투영된 기록이라고 해도 무방할 것이다.

이런 평범한 소망을 리스바가 대변한다고 나는 믿는다. 이름의 뜻이 '뜨거운 돌'인 이 여자는 제 자식뿐 아니라 남의 자식들이 줄줄이 매달린 나무 아래서 온몸으로 평화의 서사를 써 나간다.[6] 자기 상처와 한에 매몰될 근거가 충분한데도, 모든 생명 에너지를 긁어모아 전쟁에 미친 세상을 향해 뜨거운 사랑을 발사한다. 평화는 어느 한 편이 이기는 데서 오는 게 아니다. 가장 낮은 자리에서 묵묵히 생명에 복무하는 한 사람, 그 상처 입은 영혼이 평화에 이르는 문이다.

이삭

네가 왜
거기서 나와

나는 샤를리다?

2015년 1월 7일, 프랑스 파리에 소재한 풍자 전문 주간지 〈샤를리 에브도〉 본사에 무장 괴한들이 들이닥쳤다. 신문사 직원 10명과 경찰관 2명이 무차별 총격에 쓰러졌다. 범인은 알제리 이민자 가정 출신의 쿠아치 형제로 밝혀졌다. 어린 시절 어머니가 자살한 뒤로 보육원에서 자란 이들은 이슬람 모스크에 다니면서부터 술과 담배, 마약을 끊고 착실해졌다. 독실한 이슬람 신자가 된 이들의 눈에는 틈만 나면 무함마드를 조롱하는 샤를리의 만평이 거슬렸다.

"멍청이들에게 사랑받는 건 힘들다"고 말하며 눈물 흘리는 만평은 약과였다. 샤를리의 풍자에는 거침이 없었다. 급기야 벌거벗은 무함마드가 야한 자세를 취한 채 "내 엉덩이는 어때? 마음에 들어?"라고 묻는 도발적인 만평까지 실렸다. 쿠아치 형제가 총기를 난사하며 "예언자의 복수를 했다"고 외친 배경이다. 경찰에 포위되어 사살되는 순간에도 그들은 "알라는 위대하다"라고 외쳤다.

사건이 마무리된 뒤 사회관계망서비스에는 '나도 샤를리다'라는 핵심어 표시(해시태그) 운동이 일어났다. 통상 6만 부를 발행하던 〈샤를리 에브도〉는 순식간에 국제적 명성을 얻었다. 6개국 언어로 번역돼 700만 부를 찍었다. 한편에서는 표현의 자유도 좋지만 수위를 조절해야 하지 않겠냐는 목소리도 흘러나왔다. 이들은 '나는 샤를리가 아니다'라는 핵심어 표시 아래 집결했다.[1]

남의 나라 이야기가 아니다. 우리나라도 위태위

태하다. 대구 북구 대현동 모스크 건축현장이 한 보기다. 파키스탄, 우즈베키스탄, 방글라데시 등에서 유학 온 경북대학교 무슬림 학생들을 중심으로 기도처를 마련하기 위한 오랜 노력 끝에 드디어 모스크를 건축할 수 있게 됐다. 그러나 2020년 12월 첫 삽을 뜬 지 2개월 만에 공사가 중단되어야 했다. '대구 이슬람사원 건립 반대 비상대책위원회(비대위)'가 나서서 방해 공작을 계속했기 때문이다.[2] 민사소송과 행정소송에서 패했는데도 비대위는 승복하지 않았다. '합법적으로' 집회 신고를 하고 공사장 길목을 가로막은 채 연달아 돼지고기 파티를 벌이며 이슬람교를 모욕하고 조롱했다.[3]

    우리가 사는 세상이 이 모양이다. 이념과 계급으로 갈라져 있는 것도 모자라 종교마저 갈라치기를 한다. 나는 이 대목에서 고개를 갸우뚱하게 된다. 유일신교는 이원론을 극복한 게 아니었나? 유일신론과 이원론은 나란히 갈 수 없거니와 심지어 반대 개념이어야 하는 거 아닌가? 아무래도 아브라함으로 돌아가야겠다. 유일신교의 뿌리가 아브라함에게 있으니까.

이스마엘의 탄생

아브라함에게는 '아브람'이던 시절이 있었다. 원래 살던 갈대아 우르를 떠나 브엘세바에 정착하기 이전까지 아브람이라 불렸다. 그의 아리따운 아내 사래는 안타깝게도 불임이었다. 그들이 헤브론 땅 상수리나무들이 있는 곳에 살 때 사래가 아브람에게 제안했다. 자신의 여종 하갈의 몸을 빌려 집안의 대를 이어 가라고창 16:2 참고.

아내가 이렇게 말하면 남편이 "아니요, 그럴 수 없소. 나에게는 당신뿐이오"라고 위로해야 모범답안이다. 하지만 군말 없이 "아브람은 사래의 말을 따랐다"창 16:2. 하갈은 임신했고, 사래는 불안했다. "사래가 하갈을 학대하니, 하갈이 사래 앞에서 도망하였다"창 16:6.

사막을 배회하던 하갈은 샘물 곁에서 주님의 천사를 만난다. 천사는 "내가 너에게 많은 자손을 주겠다. 자손이 셀 수도 없을 만큼 불어나게 하겠다"창 16:10는 약속과 함께 아이의 이름을 하사한다. 하갈은 그 샘의 이름을 '브엘라해로이'('나를 살피시는 살아 계신 하나님의 샘물'이라는 뜻)라 짓고, 집으로 돌아가 아들을 낳았다. 아브람은 천사가 하사한 이름 그대로 아들의 이름을 '이스마엘'이라 지었다.

아브람이 아흔아홉 살이 되었을 때, 하나님이 그에게 나타나 이름을 아브라함으로 바꾸어 주셨다. '아브람'이 '높은 아버지' '아버지'라는 뜻이라면, '아브라함'은 '많은 무리의 아버지'라는 뜻이다. 아들이 '높은 사람', '큰 사람'이 되기를 바라는 건 세상 사람들의 평범한 소망일 터. 그러나 하나님의 뜻은 다르다. 하나님의 선택을 받은 이상, 그는 개인의 성공보다 공공의 안녕을 염려하며 살아야 한다. 아브라함이라는 이름에는 철저히 공공성에 복무해야 할 거룩한 소명이 배어 있다.[4]

하나님은 굳은 약속의 증표로 할례의 계명을 주셨다. "이스마엘의 나이 열세 살 때이다. 아브라함과 그의 아들 이스마엘은 같은 날에 할례를 받았다" 창 17:25-26. 사래의 이름도 사라로 바뀌었다. 지금도 딸을 '공주님'이라 부르는 집들이 많다. 아브람과 마찬가지로 사래라는 이름에는 '높은 사람', '큰 사람'이 되기를 바라는 부모의 열망이 들어 있다. 하지만 사라는 '많은 무리의 어머니'라는 뜻이다. 그녀 역시 이제부터는 공公의 사람으로 살아야 한다. 말 그대로 하나님과 동행하는 공생애다.

하나님은 사라에게 아들을 주시겠다고 약속한다. 이 말에 아브라함이 웃는다. 사라도 웃는다. 이 웃음은 기쁨의 발로일까? 아마도 아닐 것이다. 월경이 끊어진 지가 언제인데, 그런 불가능한 일이 일어나겠냐는 불신에서 나온 실소일 확률이 높다. 하나님은 그 '웃음'이 아들의 이름이 될 거라고 경고하신다. 이제 부부는 아들의 이름을 부를 때마다 자신들의 불신을 떠올리며 참회해야 한다.

이윽고 사라가 임신한다. 이듬해 태어난 아들에게는 이삭이라는 이름이 붙여진다. (히브리어로 '이삭'은 웃음을 뜻한다.) 이삭도 태어난 지 여드레 만에 할례를 받는다. 문제는 사라다. 맏아들인 이스마엘에게 자꾸 신경이 쓰인다. 이스마엘의 행동을 늘 주시하게 된다. 이삭이 젖을 떼는 날, 집안에 큰 잔치가 벌어졌다. 마침 사라의 눈에 이스마엘이 이삭을 놀리는 광경이 포착됐다. 사라는 지금이 적기라고 판단한다. 하갈과 이스마엘을 내쫓기로 마음먹는다. 이번에도 아브라함은 사라의 말을 따르기로 한다. 하지만 솟구치는 감정을 억누를 길이 없다. "아브라함은, 그 아들도 자기 아들이므로, 이 일로 마음이 몹시 괴로웠다"창 21:11.

그런 아브라함을 하나님이 위로하신다. "그 아들과 그 어머니인 여종의 일로 너무 걱정하지 말아라. … 여종에게서 난 아들도 너의 씨니, 그 아들은 그 아들대로, 내가 한 민족이 되게 하겠다"창 21:12-13. 아브라함은 하갈의 어깨에 먹거리와 마실 물을 메어 주고서 아이와 함께 내보냈다. 빈들을 정처 없이 헤매던 하갈은 마실 물이 떨어지자 "소리를 내어 울었다"창 21:16. 이스마엘도 울었다. 하나님이 이들의 '우는 소리'를 들으셨다.[5] 그리고 "그 아이와 늘 함께 계시면서 돌보셨다"창 21:20a. "들나귀"창 16:12처럼 씩씩하게 자랄 거라던 천사의 예언대로 이스마엘은 "광야에 살면서, 활을 쏘는 사람이 되었다"창 21:20b.[6]

이삭의 증발

아브라함은 브엘세바에서 살았다. 어느 날 하나님이 아브라함을 시험하셨다. "너의 아들, 네가 사랑하는 외아들 이삭을 데리고 모리아 땅으로 가거라. 내가 너에게 일러 주는 산에서 그를 번제물로 바쳐라"창 22:2. 아브라함이 "다음 날 아침에 일찍이 일어나서, 나귀의 등에 안장을 얹었다"창 22:3. 사흘 길을 걸어 모리아 땅에 당도했다. 산에 올라 "제단을 쌓고, 제단 위에 장작을 벌려 놓았다. 그런 다음에 제 자식 이삭을 묶어서, 제단 장작 위에 올려놓았다. 그는 손에 칼을 들고서, 아들을 잡으려고 하였다"창 22:9-10.

문장이 '행동' 위주다. 어디에도 '감정' 묘사가 없다. 하갈과 이스마엘을 향해서는 그토록 절절히 마음을 표현하더니, 정작 이삭을 번제물로 바치는 대목에서는 지나치게 담담하다. 심지어 사라와 상의한 정황도 없다. 이 부부의 관계가 몹시 수상하다. 그다음 장면은 우리가 익히 아는 내용이다. 천사가 아브라함을 불러 "그 아이에게 손을 대지 말아라!"창 22:12 하고 제지한다. 아브라함이 정신을 차리고 보니 수풀에 뿔이 걸린 숫양 한 마리가 눈에 들어온다. 그는 아들 대신에 그것으로 번제를 드렸다.

우리의 관심은 이삭의 행보다. 이 사건 이후 이삭의 행방이 묘연하다. "아브라함이 그의 종들에게로 돌아왔다. 그들은 브엘세바 쪽으로 길을 떠났다. 아브

<아브라함과 이삭>, 미국 워싱턴 소재 국립 동정녀 성모 마리아 대성당의 모자이크 벽화

●

아브라함이 모리아산 위에 제단을 쌓고 있다. 이삭이 장작더미를 지고 올라온다. 그러나 이 산을 내려갈 때 그의 등에는 훨씬 더 큰 짐이 얹어졌을 것이다.

라함은 브엘세바에서 살았다"창 22:19. 성경은 아브라함과 이삭이 함께 내려왔다고 묘사하지 않는다. 이삭이 증발했다! 우리의 궁금증에 답하지 않은 채로, 성경은 곧이어 사라의 사망 소식을 전한다. 사라는 127세를 일기로 '헤브론'에서 눈을 감았다. '브엘세바'에서 살던 아브라함은 헤브론으로 "가서, 사라를 생각하면서, 곡을 하며 울었다"창 23:2.

성경의 보도대로라면 이 부부는 함께 살지 않았다! 자기에게 말 한마디 없이 아들을 번제물로 바치려고 한 아브라함의 냉정함이 사라의 분노를 폭발시켰을까? 여전히 우리의 궁금증에 답하지 않은 채로, 성경은 이어서 이삭의 혼례 이야기를 끼워 넣는다. 아브라함이 신실한 늙은 종 엘리에셀에게 "나의 고향, 나의 친척이 사는 곳"창 24:4으로 가서 이삭의 배필을 찾아오라고 명한다. 그는 하란 근처 '나홀이 사는 성' 우물가에서 브두엘의 딸 리브가를 발견한다. 낯선 이방인을 환대하는 마음에 더해 동물(낙타)을 돌볼 줄 아는 친절까지 갖추고 있으니 이만하면 아브라함의 며느릿감으로 적합하다.

아브라함의 종은 리브가를 데리고 길을 떠난다. 당연히 아브라함 집으로, 그러니까 브엘세바 쪽으로 길을 향했을 거다. "그때에 이삭은 이미 브엘라해로이에서 떠나서, 남쪽 네겝 지역에 가서 살고 있었다"창 24:62. 저녁 산책길에 우연히 리브가 일행을 본 이삭은 아버지의 종으로부터 그녀가 자신의 신붓감이라는 말을 전해 듣고, "어머니 사라의 장막으로 데리고 들어가서, 그를 아내로 맞아들였다. … 이삭은 어머니를 여의고 나서, 위로를 받았다"창 24:67.

평화의 중재자

'브엘라해로이'라면 하갈과 연관된 장소다. 한데 이삭이라는 이름이 왜 여기서 튀어나오는가? 실마리는 모리아산이다. 사건을 재구성해 보자. 그날 그 장소에서 이삭의 어린 시절은 끝났다. 아버지가 제 몸을 묶어 장작더미 위에 올려놓을 때, 그는 차마 아버지의 눈조차 쳐다보지 못했으리라. 다행히 수풀 속에 양이 있어 목숨을 구했지만, 죽었다가 다시 살아난 심정이 오죽했을까? 십대 후반에 접어든 아들은 아버지에게 이렇게 말하지 않았을까? "생각할 시간이 필요해요, 아버지.

저는 집으로 돌아가지 않겠습니다." 자못 비장한 아들의 말투에 아버지도 말리지 못했으리라. 그 길로 이삭이 하갈과 이스마엘에게 가서 함께 살았다면 어떤가? 그러다 어머니 사라의 죽음이 임박하자 네겝 지역 헤브론에 가서 모시고 살았다면?[7]

이삭의 혼인에 이어 아브라함도 재혼한다. "아브라함이 다시 아내를 맞아들였는데, 그의 이름은 그두라이다"창 25:1. 뜬금없이 나타난 그두라는 또 누구인가? 랍비들은 하갈을 지목한다. '그두라'는 하갈의 행동이 '향기'로워서 붙여진 별명이란다. (히브리어로 그두라는 '향기'를 뜻한다.) 아브라함은 175세를 일기로 세상을 떠나는데, "이삭과 이스마엘이 그를 막벨라 굴에 안장하였다. … 아브라함은 그의 아내 사라와 합장되었다"창 25:9-10.

랍비들의 해석은 이렇다. 이삭은 아버지가 자기 아내를 찾으러 사람을 보내는 걸 보고, 아버지가 혼자 살고 계시는 게 마음에 걸렸다. 그래서 둘째어머니 하갈에게 가서 아버지와 재결합하도록 설득했다.[8] 아브라함은 하갈과 다시 만나 여섯 아들을 더 낳았다. 하갈과 이스마엘을 내쫓을 때 '몹시 괴로웠던' 그의 마음은 비로소 치유받았으며, 하갈도 명예를 회복했다.

유대-기독교인들은 '아브라함과 이삭과 야곱의 하나님'을 믿는다. 이 가운데 이삭의 존재감이 가장 미미하다. 그에게는 '들나귀' 같은 기질이 없다. '아버지 손에 죽임당할 뻔한 자식'이라는 트라우마가 평생 그를 괴롭혔을 것이다. 버림받은 자리가 그의 자리다. 이 낮은 자리에서 그는 비로소 평화와 접속한다. 사람은 혼자 힘으로 살 수 없다는 걸 사무치게 알고 나니, 혼자 사는 사람의 외로움을 헤아릴 줄 아는 넉넉함에 이르렀다. 어머니가 죽자, 이삭은 곧바로 행동을 개시한다. 어머니가 살아 있는 동안에는 차마 할 수 없던 일, 아브라함과 하갈을 화해시키는 일이다.

《코란》에는 아브라함이 하갈과 이스마엘 처소로 자주 찾아갔다고 기록돼 있다. 나는 이렇게 정 많은 아브라함이 좋다. 《코란》에는 아들을 제물로 바치라는 명령도 이삭 대신에 이스마엘이 수행한다. 어린 아우 대신에 제가 아버지의 짐을 덜어 드리겠습니다, 사려 깊게 말할 줄 아는 이스마엘이 얼마나 든든한가? 주목할 건 하나님이다. 그분은 이삭에게도 복을 주시고, 이스마엘에게도 복을 주셨다.

아버지께서는, 악한 사람에게나 선한 사람에게나 똑같이 해를 떠오르게 하시고, 의로운 사람에게나 불의한 사람에게나 똑같이 비를 내려주신다 마 5:45.

야곱

남의 발뒤꿈치 잡는
인생

풍선 전쟁

2024년 5월 북한이 남한을 향해 수백 개의 풍선을 띄웠다. 바람을 타고 휴전선을 넘어 남한 곳곳에 떨어진 대형 풍선 안에는 담배꽁초, 폐건전지, 폐종이 따위 쓰레기와 동물 똥이 잔뜩 들어 있었다. 남한 정부는 북한의 '도발'에 초강수로 대응했다. 2018년 남북정상회담 이후 중단됐던 대북 확성기 방송을 재개하겠다고 엄포를 놓았다.

남한 언론도 정부의 대응에 맞장구를 쳤다. 연일 오물 풍선 이야기를 되풀이했다. 그나마 오물이었으니 망정이지 독가스나 유독 물질과 같은 생화학무기가 들어 있었으면 어쩔 뻔했냐며 불안과 공포를 부풀렸다. 북한의 김여정 부부장(당 선전선동부)이 이 사달이 난 건 남한이 먼저 북한에 '삐라(대북 전단)'를 살포했기 때문이라고 해명했음에도 이에 대한 반성이나 성찰의 목소리는 들리지 않았다.

문재인 정부 시절에 발효된 '대북 전단 살포 금지법'이 윤석열 정부에 이르러 효력을 잃은 게 화근이었다. 2023년 9월 헌법재판소는 그 법이 표현의 자유를 제한한다며 위헌 결정을 내렸다.[1] 그동안 북한을 향해 삐라를 뿌려대서 물의를 빚곤 했던 '자유북한운동연합'이라는 단체가 2년 7개월 만에 활동을 재개했다. 북한에서 오물 풍선을 보내기 두어 주 전, 이 단체는 강화도에서 2백 개의 대형 풍선에 3만 장의 삐라를 담아 북한을 향해 띄웠다. 케이팝과 트로트 동영상이 든 정보막대 usb 2천 개도 함께 넣었다. 삐라의 내용이 얼마나 저질스러운지는 굳이 입에 담을 필요조차 없다.

몇 해 전 파주에서 문산으로 이사 간 제자네 식구들이 떠오른다. 역사를 전공한 제자는 외동딸이 통일된 한반도에서 살기를 바라고 그곳에 둥지를 틀었다. 그 딸이 민통선 안에 있는 초등학교에 다닌다. '네 소원이 뭐냐' 물으면 '우리의 소원은 통일'이라고 자못 진지하게 응답하는 아이다. 그 아이가 이번 일로 상처받으면 어쩌나.

2023년은 정전협정 70주년의 해였다. 북한은 보란 듯이 전승절 열병식을 대대적으로 치렀다. 이에 질세라 윤석열 대통령도 역대 정부에서 중단했던 국군의 날 시가행진을 단행했다.[2] 육해공군과 해병대가 총출동하고 주한미군까지 가세했다. 탄도미사일, 스텔스 무인기 등 최첨단 무기들이 서울 도심을 휘저었다. 그러고 얼마 뒤, 김정은 위원장은 남북 관계가 더는 '동족'이 아닌 '적대적 두 국가'라고 천명했다. 이른바 '한반도 불바다'설이 다시 고개를 쳐들고 있다. 남과 북이 한 민족 한 나라였던 때가 언제였나 싶다. 이 땅이 일본의 식민지로 전락하기 이전까지만 해도 우리는 하나였다는 사실이 태곳적 전설처럼 아득히 멀다. 강대국들에 의해 강요된 분단과 내전을 겪으며 여전히 반목하는 사이에 자꾸만 벌어진 증오의 골이 너무나도 깊다.

다투는 형제

　　어머니 뱃속에서부터 싸운 이란성 쌍둥이 형제가 있었다. 어찌나 티격태격하는지 어머니가 괴로워 죽을 지경이었다. 먼저 태어난 형은 살결이 붉은 데다 온몸이 털투성이였다창 25:25. 그에게는 '에서'('붉다'는 뜻)라는 이름이 붙여졌다. 혈색이 좋고 건강해 보이는 인상 그대로 에서는 자라서 들판을 누비며 짐승을 사냥해 고기반찬을 조달했다.

　　난 멜링거가 지은 《고기》[3]에 보면, 자연도태될 위기에 처했던 인류의 조상들이 살아남을 수 있었던 비결은 사냥을 통해 고기를 조달할 수 있었기 때문이다. 이때의 고기는 단지 단백질만 의미하지 않는다. 고기의 가치와 사냥꾼의 권력은 비례관계에 놓인다. 유능한 사냥꾼은 여자를 많이 얻고 영웅 대접을 받았다. 고대인들은 여자들이 곰과 짝짓기를 해 코끼리처럼 힘세고 날쌘 사냥꾼을 낳게 해 달라고 빌었다.

에서는 천생 사냥꾼이었다. 하지만 간발의 차이로 뒤이어 태어난 야곱은 달랐다. 그에게는 에서의 풍모가 허락되지 않았다. 야곱은 이러한 자연의 선택에 불응했다. 모태에서 형과 다투더니 세상에 나올 때도 형의 발뒤꿈치를 잡았다창 25:26. 그래서 '야곱'이라는 이름을 갖게 됐다. 남의 발뒤꿈치를 잡는 인생이라는 뜻이다. 아버지(이삭)는 에서를 사랑했다. 성경 저자는 에서가 사냥해 온 고기에 맛을 들여서 그랬다는 설명을 보탰다창 25:28 참고.

하지만 누구라도 에서를 사랑하지 않기가 더 어려웠을 것이다. 보는 사람마다 에서의 몸집과 근육을 추앙했으리라. 그럴수록 어머니 리브가의 눈길은 야곱을 향했다. 원래 어머니란 존재의 자리가 그렇다. 못난 자식 입에 떡 하나라도 더 넣어 주고 싶다. 아마도 리브가는 쌍둥이를 낳기 전 하나님께 받은 신탁을 두고두고 곱씹었을 테다. "두 민족이 너의 태 안에 들어 있다. 너의 태 안에서 두 백성이 나뉠 것이다. 한 백성이 다른 백성보다 강할 것이다. 형이 동생을 섬길 것이다"창 25:23. 이해하기 어려운 말씀이다. 강한 쪽이 약한 쪽을 지배하는 게 자연의 섭리인데, 하나님은 거꾸로 말씀하신다.

두 종류의 복

야곱은 이름대로 속임수에 능했다. 약자의 생존 전략이었을지 모른다. 그는 한창 사냥하고 돌아와 허기진 형에게 '팥죽 한 그릇'에 '맏아들의 권리'를 팔도록 종용했다. 에서는 그까짓 게 뭐 그리 대단한 거냐면서 순순히 응했다창 25:29-34. 어디 던져 놓아도 혼자 힘으로 충분히 살아갈 수 있을 것 같은 자만심이 비극의 씨앗이었다.

이삭은 늙어서 눈마저 어두워져 앞을 잘 볼 수 없는 지경이 되었다. 그는 죽음이 가까이 왔음을 직감하고 맏아들을 마음껏 축복하기로 마음먹는다창 27:2-3. 리브가가 이를 눈치챘다. 신탁을 고이 간직하고 있던 그녀는 강한 맏이 대신 약한 둘째가 축복을 받게 하기로 다짐한다. 야곱에게 에서의 옷을 입히고 염소 새끼 가죽을 야곱의 매끈한 손과 목덜미에 둘러 완벽하게 위장한다. 염소 두 마리를 잡아 이삭의 입맛에 맞게 요리해 야곱의 손에 들려 보낸다.

이삭은 의심하지만, 눈이 먼 까닭에 확인할 길이 없다. 에서라고 믿고 복을 빌어 준다. "하나님은 하늘에서 이슬을 내려 주시고, 땅을 기름지게 하시고, 곡식과 새 포도주가 너에게 넉넉하게 하실 것이다. 여러 민족이 너를 섬기고, 백성들이 너에게 무릎을 꿇을 것이다. …"창 27:28-29. '재물'과 '권력'의 복이다. 야곱이 아버지 앞에서 막 물러 나오는데, 마침 사냥 나갔던 에서가 돌아온다. 상황을 파악한 그는 소리쳐 운다. 용맹한 사냥꾼이자 전사의 이미지는 아랑곳없이 지질하게 운다. "저에게 주실 복을 하나도 남겨 두지 않으셨습니까?"창 27:36

이삭은 입을 열어 답한다. "네가 살 곳은 땅이 기름지지 않고, 하늘에서 이슬도 내리지 않는 곳이다. 너는 칼을 의지하고 살 것이며, 너의 아우를 섬길 것이다. 그러나 애써 힘을 기르면, 너는, 그게 네 목에 씌운 멍에를 부술 것이다"창 27:39-40. "애써 힘을 기르면" 불운이 변하여 행운이 될 거란다. 그런데 사람 욕심은 이 말이 축복으로 들리지 않는다. '애써' 얻기보다는 '거저' 받고 싶다.

화가 치민 에서는 복수를 다짐한다. 리브가는 야곱을 자기 오빠 라반의 집에 피신시킨다. 떠나는 야곱을 위해 이삭은 다음과 같이 복을 빈다. "하나님이 아브라함에게 허락하신 복을 너와 네 자손에게도 주셔서, 네가 지금 나그네살이를 하고 있는 이 땅, 하나님이 아브라함에게 주신 이 땅을, 네가 유산으로 받을 수 있도록 해 주시기를 바란다"창 28:4. '땅'과 '자손'의 복이다.

이삭은 지금 야곱이 야곱임을 인지한 상태에서 복을 빌고 있다. 이 복의 내용은 야곱을 에서라 믿고 내렸던 복과 확연히 다르다. 이삭의 기억력에 문제가 있는가? 그럴 리가! 복기하지만, 이삭은 에서를 사랑했다. 맏아들을 위해 '비옥한 땅, 풍부한 물, 넉넉한 곡식과 새 포도주'의 복을 빌어 주었다. 나아가 여러 민족을 거느리는 나라를 건설하는 꿈까지 허락했다. 에서로 변장했다고 해서 그 복이 야곱의 몫이 될 수 있는 건 아니다. 이삭은 그 점을 분명히 밝힌다. 야곱에게 주어질 복은 '아브라함의 복'이다.

'이스라엘'이라는 이름

라반의 집에서 야곱이 얼마나 고생했는지는 말로 표현할 수조차 없다. 남의 발뒤꿈치를 잡는 데 일가

견이 있는 야곱도 라반의 술수를 당해 내지 못할 정도였다. 라반은 야곱이 자신의 둘째 딸 라헬을 사랑하는 걸 알고, 그녀와 혼인하는 조건으로 7년 무임노동을 요구했다. 야곱은 "라헬을 사랑하기 때문에, 칠 년이라는 세월을 마치 며칠같이"창 29:20 여기며 일했건만, 라반은 신부 바꿔치기 수법으로 야곱을 속였다. 사랑하지도 않는 여자 레아(라반의 맏딸)가 부인이 됐다.

라헬을 얻는 대가로 또다시 7년 무임노동을 하는 사이에, 야곱은 자매의 몸종들인 실바와 빌하를 통해서도 자식을 낳아야 했다. 자식, 특히 아들이 부의 상징이던 시절, 야곱이 낳은 아들들은 고스란히 라반의 재산 목록이 될 판이었다. 말하자면 씨내리 취급을 받았다. 마침내 야곱은 라반의 그늘에서 벗어날 것을 결심한다. 20년 만의 귀향이다. 그새 기지를 발휘해 재산도 많이 모았다.

한데 막상 고향에 돌아가려니까 형이 마음에 걸린다. 외삼촌에게 스무 해나 속으며 살아봐서 속는다는 게 어떤 기분인지 안다. 야곱은 형에게 먼저 용서를 구하기로 한다. 애당초 형의 몫인 축복, 곧 '재물'과 '권력'을 되돌려준다. 형이 사는 에돔 벌 세일 땅으로 심부름

꾼을 먼저 보내면서, 스스로 몸을 낮춰 자기를 "주인의 종"창 32:4, 18, 20이라 칭하는 모습을 보라. 말뿐 아니다. 형에게 "암염소 이백 마리와 숫염소 스무 마리, 암양 이백 마리와 숫양 스무 마리, 젖을 빨리는 낙타 서른 마리와 거기에 딸린 새끼들, 암소 마흔 마리와 황소 열 마리, 암나귀 스무 마리와 새끼 나귀 열 가리"창 32:14-15를 통 크게 선물하는 모습을 보라.

그 밤에 야곱은 식구들을 데리고 얍복 나루를 건넌 다음, 홀로 뒤에 남는다. 그곳이야말로 야곱의 인생에서 가장 낮은 자리였을 것이다. 형이 나를 용서해 줄까? 세월이 흘러도 감정은 늙지 않는 법. 여전히 이를 갈며 나와 내 식솔들을 죽이려 들면 어쩐다? 그렇다고 라반에게로 돌아갈 수는 없다. 살든지 죽든지 앞으로 나아가야 한다. 형의 얼굴을 마주해야 한다. 성경은 그 밤에 야곱이 '어떤 이'와 씨름했다고 전한다창 32:22-24. 어찌나 용을 썼던지 엉덩이뼈를 다치기까지 했다.[4] 다친 몸으로 날이 새도록 끈질기게 '어떤 이'를 붙잡고 "자기에게 축복해 주지 않으면 보내지 않겠다고 떼를 썼다"창 32:26. 그렇게 해서 마침내 축복을 받아 냈다.

축복이라 하면, 우리는 자동반사적으로 재물과

장 라리브, <천사와 씨름하는 야곱>, 1920

●

밤새 천사와 씨름한 끝에 야곱이 얻어 낸 축복은 우리의 예상을 뛰어넘는다. 이름이 바뀐다는 건 존재의 변화를 의미한다. 인생의 얍복 나루에서 우리는 무엇을 위해 씨름할 것인가?

권력을 떠올린다. 에서의 축복에서 한 걸음도 벗어나지 못한다. 문맥을 따진다면, 야곱이 최소한 '신변의 안전'만큼은 보장받아야 우리는 축복이라고 여긴다. 한데 반전이 일어난다. '어떤 이'가 준 축복이란 고작(!) 야곱의 이름을 '이스라엘'로 바꿔 준 것뿐이다. 희한한 건 야곱의 태도다. 그게 뭐 대수라고, 고분고분 순응한다. 한마디로 야곱이 변했다. 우리가 알던 그가 아니다. 에서를 욕망하고 모방하던 야곱은 그 밤에 죽고 없다. 전에는 에서의 발뒤꿈치를 붙잡았으나, 앞으로는 하나님의 손을 붙잡을 것이다. 이스라엘이라는 이름 풀이가 그렇다. 하나님과 씨름하는 존재로 살아간다는 의미다.

　　야곱은 식솔들을 거느리고 맨 앞에 서서 절뚝거리는 걸음으로 형 앞에 나아가 '일곱 번' 땅에 엎드려 절한다. 얼음장 같던 에서의 마음이 눈 녹듯 녹아내리지 않았겠나? "그러자 에서가 달려와서, 그를 끌어안았다. 에서는 두 팔을 벌려, 야곱의 목을 끌어안고서, 입을 맞추고, 둘은 함께 울었다"창 33:4. 보아하니 에서는 단순한 사람이다. 동생이 고향에 돌아온다는 소식을 듣자마자 분이 사그라들었을 것이다. 지난날 동생을 죽이겠다고 씩씩거리던 일을 후회하고 있었을지도 모른다. 어머니의 임종을 지키지 못한 동생이 못내 안쓰럽다. 아우의 선물을 사양하며 에서가 말한다. 나도 '많이' 가졌으니 괜찮다고창 33:9. 그런 형에게 야곱이 답한다. "아닙니다, 저는 '모든' 걸 가졌습니다"창 33:11.[5]

이게 진정 야곱의 축복이다. 재물과 권력을 놓고 남과 경쟁하는 삶에서 돌이켜 하나님의 숨결에 의지해 살아가는 언약 안으로 들어왔다. "주님 한 분만으로 나는 만족해" 입으로 찬양할 때마다 우리도 진실하게 되물어야 한다. 나는 하나님의 언약을 귀히 여기는 사람인가? 나는 야곱의 축복을 사모하는가? 아니면 입만 벙긋거리지, 실제로는 에서의 축복을 곁눈질하는가?

그나저나 틈만 나면 으르렁대는 남과 북은 언제쯤 얍복 나루에서 만나 서로를 끌어안을까?

> 괴로웠던 사나이,
>
> 행복한 예수 그리스도에게
>
> 처럼
>
> 십자가가 허락된다면
>
>
> 모가지를 드리우고

꽃처럼 피어나는 피를

어두워 가는 하늘 밑에

조용히 흘리겠습니다

_윤동주, 〈십자가〉 중에서

    윤동주의 시 앞에서 문득 부끄러움이 몰려온다. '처럼'을 차마 이어붙이지 못한 윤동주의 '머뭇거림'[6]이야말로 오늘 우리가 찾아가야 할 낮은 자리가 아닐까?

요셉

어떤 비극이 닥쳐도
괜찮아

시인의 마음, 풀꽃

한국인이 가장 사랑하는 시로 나태주 시인의 〈풀꽃〉이 뽑혔다. 널리 알려진 대로 나태주 시인은 인생의 많은 시간을 초등학교 교사로 보냈다. 〈풀꽃〉의 탄생 배경이 궁금하다는 독자들에게 그가 한 대답은 솔직하기 이를 데 없다. '선생이라고 어떻게 모든 애가 다 예쁘겠는가? 안 예쁜 애가 있기 마련이다. 그렇지만 예쁘게 봐야 한다. 그렇지 않으면 선생을 그만둬야 한다. 그 마음으로 아이를 자세히, 오래 보았더니, 예쁜 구석이 하나쯤은 있더라'는 고백.

>자세히 보아야 예쁘다
>오래 보아야 사랑스럽다
>너도 그렇다

그러니까 이 시는 선생으로서 시인의 반성문이었던 거다. 생김새도, 하는 짓도 다 밉지만, 그렇다고 내치지 않으려는 성숙한 태도가 짧은 시의 수명을 무한히 늘렸다. 문제는 누구나 시인의 마음을 품고 사는 건 아니라는 사실! 자세히 보아야 예쁘고 오래 보아야 사랑스러운 사람이 언제 어디서나 환영받기란 어렵다. 특히 연애 시장에서는 '모태 솔로'로 남아 있기 쉽다. "자세히 볼수록 안 예쁘다/ 오래 볼수록 질린다/ 네가 그렇다"고 가슴에 비수를 꽂는 말들이 난무하는 게 현실이다.

그대는 나의 아프로디테

'예쁘다, 안 예쁘다'는 평가는 예나 지금이나 여성에게 더욱 가혹하다. 구약성경에서는 라반의 두 딸이 대표적으로 도마 위에 오른다. 새번역은 "레아는 눈매가 부드럽고, 라헬은 몸매가 아름답고 용모도 예뻤다"창 29:17고 적는다. 개역개정은 "레아는 시력이 약하고 라헬은 곱고 아리따웠다"고 말한다. 가톨릭 공동번역은 "레아의 눈은 생기가 없었지만, 라헬은 몸매도 예쁘고 모습도 아름다웠다"고 옮긴다.

라헬에 대해서는 이견이 없는데, 레아에 대해서는 번역본마다 다르게 묘사한다. 라헬은 얼굴은 기본이요 몸매까지 시쳇말로 '죽여준다'고 칭찬하면서, 레아의 경우에는 왜 하필 '눈'을 콕 집어 말할까? '눈매가 부드럽다'거나 '시력이 약하다'거나 '눈에 생기가 없다'는 표현들은 서로 뉘앙스가 다른데, 도대체 어느 번역에 무게를 실어야 할까?

레아의 눈을 묘사할 때 히브리어 원문에서 사용한 단어는 '라크 rak', 곧 '얇다'는 뜻이다. 직역하면 "레아는 '얇은 눈'을 가졌다"이다. 성경이 '예쁜 눈'으로 선

호하는 비유는 '비둘기 같은 눈'아 1:15, 4 1, 5:12이다. 크고 동그란 눈, 호기심이 가득하고 활기 넘치는 눈. 그렇다면 '얇은 눈'이란 '작은 눈'의 다른 표현일지 모른다. 보는 시야가 좁다거나 마음 씀씀이나 판단력이 떨어진다는 뜻일 수도 있겠다.

라반에게 아들들이 없는 것도 아닌데, 구태여 작은딸 라헬이 아버지의 양 떼를 치는 목동 일을 한 걸 보면창 29:9, 그녀가 집안의 기둥 역할을 하지 않았나 싶다. 야곱은 첫눈에 라헬에게 반했다. 트로이아의 왕자 파리스가 아프로디테의 아름다움에 끌려 황금사과를 건넸듯이, 야곱의 마음도 라헬을 향해 돌진했다. 남자 목동들 틈에서 주눅 들지 않고 씩씩하게 양 떼를 모는 모습, 양들에게 물을 먹이기 위해 우물 아귀에서 무거운 돌을 척척 굴려 내는 모습에 정신이 홀딱 나갔을지도 모른다. 사랑에 빠진 야곱은 라헬을 위해서라면 못할 일이 없었다.

못된 건 라반이었다. 계산속이 밝은 라반은 어차피 오갈 데 없는 야곱을 종처럼 부릴 작정이었다. 누이(리브가)의 아들이니 "너는 나와 한 피붙이"창 29:14라고 시시때때로 '그루밍(grooming, 길들이기)'하면서 실제로는 야곱의 노동력을 착취했다. 7년간 무보수로 일해 주면 라헬과 결혼시켜 준다더니, 막상 결혼식 날 밤 신방에는 라헬 대신에 레아를 들여보냈다.

그런다고 라헬을 향한 야곱의 사랑이 수그러들 리가 없다. 야곱은 강력히 항의했고, 라반은 교활하게 타협안을 제시했다. 7년을 더 일해 주는 조건으로 7일 후에 라헬과 합방하도록 허락했다. 이렇게 해서 자매의 비극이 시작되었다. 줄줄이 자식을 낳았건만 끝내 남편의 사랑을 얻지 못한 레아. 남편의 사랑을 독차지하면서도 번번이 임신에 실패한 라헬. 이들 자매의 불타는 경쟁심에 희생제물이 된 두 여종 실바와 빌하. 네 여자 사이를 오가며, 줄줄이 자식을 낳아 라반에게 상납해야 했던 야곱. 세상의 눈으로는 꼼짝없이 역기능 가족이다.

채색옷이 불러온 비극

야곱이 라헬의 몸에서 처음 태어난 요셉을 얼마나 '금쪽이'로 대했는지는 누구라도 대번에 알아차릴 수 있다. "이스라엘은 늘그막에 요셉을 얻었으므로, 다른 아들들보다 요셉을 더 사랑하여서, 그에게 화려한 옷을 지어서 입혔다"창 37:3. 여기 나오는 이스라엘은 야곱을 가리킨다. 얍복나루에서 하나님이 그의 이름을 직접 바꾸어 주셨다창 32:28. 그런데도 성서는 집요하게 그를 야곱이라고 호명했다. 그러더니 이제야 이스라엘이라고 부르는 속내가 궁금하다.

야곱이 개인이라면, 이스라엘은 공인이다. 야곱은 장차 형성될 한 민족, 곧 이스라엘이라 불리게 될 제사장 민족의 직접 선조다. 이렇게 위대한 업적은 아브라함도 이삭도 성취하지 못했다. 누구보다 약점 많고 결함 많은 야곱을 통해 하나님이 이루셨다. 그러니 이스라엘로서 야곱은 하나님의 원대한 계획의 일부가 되어야 했다. 그 막중한 책임에 걸맞게 자신의 사적 욕망을 다스려야 했다. 하지만 그게 그렇게 말처럼 쉬운 노릇인가? 자연인으로서 야곱은 그저 약하디약한 인간에 불과했다.

야곱은 요셉을 눈에 띄게 편애했다. 그가 온 마음 다해 사랑한 아내 라헬이 죽은 뒤로 거의 집착 수준이 되었다. 하필이면 라헬은 요셉의 아우를 낳다가 죽었다. 마지막 숨이 넘어가는 순간 라헬은 핏덩이를 바라보며 '베노니'라고 불렀다. '내 슬픔의 아들'이라는 뜻이다. 야곱은 '베노니'가 싫었다. 그 이름을 부를 때마다 죽은 라헬이 떠올라 고통스러울 게 뻔했다. 그래서 이름을 바꾸었다. 베노니는 베냐민[1]이 되었다.

    요셉은 달랐다. 요셉을 바라볼 때면 기쁨의 기억만 떠올랐다. 요셉은 야곱의 사랑을 독차지했다. 요셉이 입은 '채색옷'은 그가 이 집안에서 어떤 존재인지를 상징적으로 보여 준다. 지강유철 작가는 오래전에 1인칭 기법으로 쓴 책에서 다음과 같이 적었다. "소매 달린 긴 채색옷을 아버지가 내게만 해 주었을 때, 아버지는 무심결에 장자권을 누구에게 물려줄 것인지를 드러낸 것이다."[2]

    멀쩡하게 장자가 있는데도 야곱이 요셉을 지목했다. 그에게 채색옷을 지어 입혀 그를 왕자의 신분으로 높였다. 다른 형제들이 "시기"창 37:11하기 딱 좋은 정황이 만들어졌다. 게다가 요셉은 열일곱 살이 될 때까지 철이 없었다. 덜 떨어졌다 싶을 정도로 눈치가 부족했다. 형들의 허물을 아버지에게 일러바치는 고자질쟁이에다창 37:2, 기분 좋은 꿈을 꾸면 남들 시선은 아랑곳없이 자기 기분에 들떠 떠벌리는 나르시시스트였다.

이를테면 이런 식이다. "내가 꾼 꿈 이야기를 한 번 들어 보셔요. 우리가 밭에서 곡식단을 묶고 있었어요. 그런데 갑자기 내가 묶은 단이 우뚝 일어서고, 형들의 단이 나의 단을 둘러서서 절을 하였어요"창 37:6-7. 속으로 삼켜도 될 말을 굳이 밖으로 뱉으니 형들이 "네가 우리의 왕이라도 될 성싶으냐? 정말로 네가 우리를 다스릴 참이냐?"창 37:8 하며 성질을 부리는 것도 충분히 이해할 만하다.

지혜가 있다면 절제할 줄 안다. 하지만 요셉은 기고만장하다. 얼마 뒤에 또 다른 꿈을 꾸고 형들에게 말한다. "들어 보셔요. 또 꿈을 꾸었어요. 이번에는 해와 달과 별 열한 개가 나에게 절을 했어요"창 37:9. 아버지까지 나서서 요셉의 입을 막는다. "네가 꾼 그 꿈이 무엇이냐? 그래, 나하고 너의 어머니하고 너의 형들이 함께 너에게로 가서, 땅에 엎드려서, 너에게 절을 할 것이란 말이냐?"창 37:10

형들은 도저히 그냥 놔둘 수 없다고 판단한다. 시기라는 감정은 질투와 비슷하지만, 차원이 다르다. 질투는 그 대상을 선망하는 데서 그치는데, 시기는 그 대상을 없애 버리고 싶은 충동으로 이어질 수 있다.[3]

형들은 정말로 요셉을 죽일 모의까지 한다. 이때 유다가 나서서, 죽일 것까지야 없지 않겠냐고, 차라리 딴 나라로 팔아 버리자고 설득한다. 그 덕에 겨우 목숨을 건지기는 했지만, 인신매매 역시 열일곱 살짜리가 감당하기에는 벅찬 형벌이 아니었을까?

무정한 시간을 견디는 힘

미디안 상인들에게서 요셉을 산 사람은 파라오의 신하인 경호대장 보디발이었다. 성서는 이 대목에서 의미심장한 구절을 덧붙인다. "주님께서 요셉과 함께 계셔서, 앞길이 잘 열리도록 그를 돌보셨다"창 39:2a. 아마 요셉 자신은 이 사실을 미처 깨닫지 못했을 것이다. 살아남는 게 급선무일 때는 시야가 좁아지기 마련이다. 가장 힘든 건 의사소통이 아니었을까? 노예 신분에 체계적으로 이집트말을 배웠을 리 없다. 두들겨 맞으면서 몸으로 익혀야 한다. 눈치 없던 요셉이 코치까지 챙기게 됐다. 하나님의 인생 학교가 이렇게 신통하다.

요셉을 눈여겨본 건 보디발 장군이다. 인생의 경

험치가 쌓인 그는 요셉이 하는 일마다 술술 풀리는 걸 보며 '복덩이'가 들어왔음을 직감한다. "주인은, 요셉이 눈에 들어서, 그를 심복으로 삼고, 집안일과 재산을 모두 요셉에게 맡겨 관리하게 하였다"창 39:4. 그러던 중 사고가 터졌다. 이런 경우 사고란 대체로 '돈 아니면 성'(혹은 둘 다)으로 수렴된다. "용모가 준수하고 잘생긴 미남"창 39:6b으로 성장한 요셉은 후자에 걸려들었다. 동료 여종도 아니고 주인의 아내가 끈질기게 그를 유혹했다.

바깥주인의 신임을 차마 저버릴 수 없던 요셉은 안주인을 물리쳤다. 비록 이방 땅에 던져진 몸이지만 하나님이 자기를 보고 계시고 지켜 주신다는 믿음을 놓지 않았다. 하지만 그의 결기에 탄복하기에는 안주인의 인격이 너무나도 저열했다. 거부당한 욕정을 처절한 복수로 풀었다. 요셉이 자기를 강간하려 했다며 도리어 피해자인 척 연기했다.

이집트 법에 따르면, 강간은 사형이고, 강간미수는 곤장 1천 대로 다스려진다. 게다가 강간미수라도 피해자의 고발이 있으면 사형을 면하기 어렵다.[4] 노예 처지에 무죄를 입증하기란 하늘의 별 따기다. 그나마 상전의 집 안에 있는 감옥에 갇히는 선에서 마무리된 건

프로페르치아 데 로시, <보디발의 아내에게 괴롭힘을 당하는 요셉>, 1520년경, 부조

●

바깥주인이 없는 사이에 안주인이 요셉을 유혹한다. 권력자의 횡포를 신앙으로 이겨 내지만, 그에게는 더 큰 위험이 닥친다. 하늘이 큰 사람을 낼 때는 시련도 함께 주는 법이다.

보디발이 그만큼 요셉을 아꼈다는 뜻일 테다.

    그래서였을까? 감옥에 갇혀서도 요셉은 좌절하지 않는다. 특유의 눈치코치를 발휘해 간수장의 눈에 든다. "간수장은 감옥 안에 있는 죄수를 모두 요셉에게 맡기고, 감옥 안에서 일어나는 온갖 일을 요셉이 혼자 처리하게 하였다"창 39:22. 그러다 새로운 수감자들이 들어온다. 잡범이 아니라 고위관료다. 이집트 왕에게 술잔을 올리는 시종장과 빵을 구워 올리는 시종장이 경호대장의 집 안 감옥에 들어왔다.

    감옥에 갇힌 두 시종장이 같은 날 밤 꿈을 꾸었다. 꿈이라면 요셉의 전매특허다. 요셉은 두 사람이 꾼 꿈의 내용을 주의 깊게 듣고 진실하게 풀이해 주었다. 술잔을 맡은 시종장은 사흘 후에 복직될 것이지만, 빵을 올리는 시종장은 사흘 후에 사형을 당할 것이다. 빵 맡은 관원이 이를 갈고 노발대발해도 요셉은 꿈쩍하지 않았다. 다만 술 맡은 관원에게는 "시종장께서 잘 되시는 날에, 나를 기억하여 주시고, 나를 따로 생각해 주시기 바랍니다. 그리고 바로에게 나의 사정을 말씀드려서, 나도 이 감옥에서 풀려나게 해 주시기 바랍니다" 창 40:14, 정중히 당부하는 걸 잊지 않았다.

그의 해몽은 적중했다. 사흘 후, 파라오의 생일에 빵 맡은 시종장은 처형되고, 술 맡은 시종장은 직책을 돌려받았다. "그러나 술잔을 올리는 시종장은 요셉을 기억하지 못하였다. 그는 요셉을 잊고 있었다"창 40:23. 이 한 줄의 의미는 절대 가볍지 않다. 이제 요셉이 진짜 절망할 때가 된 것이다. 믿었던 사람 모두 등을 돌렸다. 보디발 장군도, 술 맡은 관원도 철저히 그를 잊어버렸다. 굴곡 많은 요셉의 인생에서 가장 낮은 자리를 꼽으라면 바로 이때가 아니었을까? 아무도 나를 기억해 주지 않는다, 여기서 꼼짝없이 죽게 생겼다, 세상으로부터 철저히 버려졌다는 절망감이 온몸을 휘감는다. 그 무정한 시간이 꼬박 2년이다. 미치거나 자살하지 않고 버텨 낼 재간이 있을까?

이집트든지 그리스든지 고대인들의 신관은 맹목적이었다. 노예처럼 비천한 인간의 삶은 신의 관심 범위 밖에 있었다. 한번 정해진 운명은 무슨 수를 써서도 되돌릴 수 없다는 비극적 세계관이 팽배했다. 그러나 이스라엘의 하나님은 다르다. 노예를 기억하시고 돌보시는 하나님이다. '주님께서 요셉과 함께 계셔서 그를 돌보셨다'창 39:2, 3, 5, 21, 23는 말씀은 하나님의 자기 계시다. 뒤집으면, 요셉이 '주인'으로 섬길 대상은 한낱 보디발이나 파라오가 아니라, 오직 하나님이라는 뜻이 된다.

요셉의 2년은 하나님의 인생 수업의 절정이었다. 낮은 자리를 통과한 그는 완전히 다른 사람이 되었다. 이집트의 총리대신이라는 높은 지위에 오른 걸 두고 하는 소리가 아니다. 요셉의 서사를 '성공 신화'로 치환하는 건 잘못된 성경 읽기다. 신분이 아니라 사람에 초점을 두어야 한다. 그는 "기록 역사상 최초로 용서한 사람"[5]이 되었다. 자기를 이집트로 판 형들에게 얼마든지 복수할 힘이 있는데도 남용하지 않는다. "이제는 걱정하지 마십시오. 자책하지도 마십시오. 형님들이 나를 이곳에 팔아넘기긴 하였습니다만, 그것은 하나님이, 형님들보다 앞서서 나를 여기에 보내셔서, 우리의 목숨을 살려 주시려고 그렇게 하신 것입니다"창 45:5.

그는 하나님의 마음과 동기화되었다. 하나님의 좌표에서 자기 삶을 해석할 줄 안다. 하여 어두운 지하 감옥에 갇힌 것처럼 한 치 앞도 알 수 없는 답답한 시간에 유폐되어 있다면, 랍비 조너선 색스의 문장에 밑줄을 긋자. "자신의 인생 이야기를 하프타임에 다 이해했다고 생각하지 마라. 그것이 요셉의 교훈이다."[6]

나아만의
포로 소녀

사는 것도
순교이니라

논주 마리아

1800년 정조대왕이 세상을 떠났다. 아들(순조)이 즉위했으나 겨우 열한 살이었다. 권력은 영조의 계비 정순왕후에게로 넘어갔다. 노론 벽파에 속한 안동 김씨 집안의 여인으로서 그녀는 정조를 지지한 남인 세력을 숙청하는 데 앞장섰다. 하필 남인 가운데 서학, 곧 서양에서 들어온 천주교에 귀의한 이들이 많았다. '야소(耶蘇, 예수) 귀신'에 들린 무리가 백성을 현혹하고 나라의 근간을 뒤흔든다는 구실로 대대적인 토벌이 이루어졌다. 정조의 총애를 받은 정약용과 그의 형제들 역시 피바람을 피하지 못했다.

김소윤의 장편소설 《난주》는 제6회(2017) 제주 4·3 평화문학상을 받은 작품이다. 표지를 자세히 보면 영어 필기체로 쓴 '마리아'가 눈에 띈다. 난주, 마리아, 제주, 그리고 평화가 어떻게 연결될까? 소설의 첫머리에 이런 설명이 붙어 있다.

> 1801년 정순왕후는 어린 나이로 즉위한 순조를 대신해 수렴청정에 나선다. 노론벽파를 두둔하던 정순왕후가 남인이 중심이 된 천주교를 탄압하니, 이것이 신유박해辛酉迫害다. 남인 명문가의 장녀이자 천주교도인 정난주는 시어머니와 어린 아들을 데리고 친정으로 피신하였고, 남편 황사영은 충북 제천의 배론 골짜기에 숨었으나 천주교 부흥을 위한 백서帛書를 북경의 주교에게 보내려다 발각되어 참형당했다. 이어 정난주와 시어머니는 각각 제주도와 거제도의 관비로 정배된다.[1]

그러니까 소설 《난주》는 정난주의 이야기다. 그녀는 정약용의 맏형 정약현의 장녀로 태어났다. 어머니가 무려 이벽과 남매지간이다. 이벽이라면, 조선 천주교의 개국 성조聖祖로 불리는 인물이다. 게다가 남편은 역사 교과서에 '황사영 백서'로 이름을 남긴 바로 그 황사영이다. 백서란 비단에 쓴 편지로, 이 땅에서 자생한 천주교 신자들이 청나라 북경 교회와 연락을 취할 때 백서를 주로 활용했다. 황사영이 조선 정부의 천주교 박해를 고변하며 교황과 청나라 황제에게 군대 파병을 요청한 백서가 발각되었다. 이 일로 황사영은 역모죄를 뒤집어쓴 채 능지처참을 당한다. 그의 나이 스물일곱 살 때 일이다.

황사영은 열여섯 살에 과거 급제할 만큼 영민했다. 정조가 친히 불러 손을 잡고 스무 살이 되면 관직을 내리겠노라 약속했다. 정조가 총애하는 정약용 집안과 가까이 지내게 된 건 자연스러운 일이었다. 정약용의 바로 위형 정약종이 그의 개인 교사 노릇을 맡았는데, 그러다가 천주교에 눈을 떠 '알렉시오'라는 세례명을 받게 되었다. 이후 정약현의 딸 난주 마리아와 혼인해 아들을 낳았다. 황사영이 처형당할 때 난주의 품에는 갓 돌을 넘긴 아들이 안겨 있었다.

양반집, 그것도 명문대가 마님이 졸지에 관비가 되었다. "살아, 살자꾸나. 하늘에 가거들랑 살아 있는 순교도 있었노라 자랑이나 하자꾸나."² 거제도로 떠나며 시어머니가 남긴 말에 난주는 울면서 고개를 끄덕거린다. 제주도로 유배 가는 길, 아들(황경한)을 추자도에 몰래 떨군 어미의 마음은 어땠을까? 제주도 대정현에 관비로 배속된 난주는 고난의 가시밭길을 걷는다. 그리고 마침내 '한양 할머니'로 추앙받으며 '살아 있는 순교'의 서사를 완성한다.

나아만의 존경

열왕기하 5장을 펼치면 나아만 이야기가 나온다. 시리아 왕 휘하의 군사령관인 그는 왕이 아끼는 큰 인물이고 존경받는 사람이었다. 군인의 존경이란 대개 전쟁의 승리와 연관된다. 아니나 다를까, 그는 시리아와 이스라엘 간의 전쟁에서 시리아에게 승리를 안겨 주었다. 그 일을 성경은 대수롭지 않다는 듯이 서술한다.

"주님께서 그를 시켜 시리아에 구원을 베풀어 주신 일"_{왕하 5:1}이라고. 하나님은 이스라엘만 편드신다는 통념에 제동이 걸리는 기록이다. 하기야 이스라엘이 어찌 하나님을 독점할 수 있으랴? 그분은 '만유의 주재'이시다. 이 당연한 명제가 새삼 입체적으로 다가온다.

한데 탄탄대로일 것만 같은 나아만 장군의 일생에 곤경이 닥쳤다. '강한 용사'인 그가 그만 나병에 걸리고 말았다. 나병의 정식 명칭은 한센병이다. 1871년 노르웨이 의사 '한센'이 '나균$Bacillus\ leprae$'을 처음 발견했다고 하여 붙여진 이름이다. 그 이전까지는 정식 이름조차 없었다. 그러니 성경에 한센병이라는 용어가 등장할 리 만무하다.

옛 번역본 성경(개역한글)에서는 '문둥병'이라는 표현을 아무렇지 않게 사용했다. 이후에 나온 개역개정부터 '나병'으로 순화했는데, 이것도 정확한 명칭은 아니다. 하여 성경에 '나병'이라는 용어가 등장할 때마다 머뭇거리게 된다. 한센병으로 고쳐 말해야 하나 싶다가도 그 병명이 오히려 편견을 고착시킬까 두려워진다. '나병'이라는 글자에 따라붙은 해설처럼, 히브리어 '차라앗'이나 '메초라'는 그저 각종 피부질환을 가리킬 뿐이라지 않은가?

고대에는 현미경이나 초음파, 엑스레이와 같은 의료장비가 없었다. 당연히 인체 속을 들여다볼 능력이 전혀 없었다. 생명을 위협하는 각종 암은 고려대상이 아니었다. 그저 만만한 게 눈에 보이는 피부병이었다. 레위기 율법의 위생 관련 조항 가운데 태반이 피부병에 대한 것들이다. "누구든지 살갗에 부스럼이나 뾰루지나 얼룩이 생겨서, 그 살갗이 악성 피부병에 감염된 것 같거든" 사람들은 그를 제사장에게 데려가야 한다레 13:2.

현대인의 상식으로는 이해하기 어렵다. 다만 전문 의료체계가 없던 시절, 일종의 공공의료를 위한 지혜일 텐데, 흥미로운 건 레위기 어디에도 환자를 비난하는 구절을 찾아보기 어렵다는 점이다. 질병의 원인으로 죄를 지목하려는 시도가 전혀 없다. 사회인류학자 메리 더글라스는 "다른 종교와 비교할 때 이것은 주목할 만하다. … 일반적으로 레위기는 비난과 고소를 피한다. … 재난의 원인을 찾거나 비난하는 경향이 전혀 없다"[3]고 평한다.

맹랑한 소녀

'나병'이라는 용어에 너무 무거운 의미를 둘 필요가 없다는 뜻이다. 그보다는 하나님의 구원사에 집중하면 될 일이다. 다시 나아만 장군의 이야기로 돌아가 보자. 그의 집에는 그가 이스라엘과 전쟁을 벌일 때 포로로 붙잡혀 온 소녀가 한 명 있었다. "그 소녀는 나아만의 아내의 시중을 들고 있었다"왕하 5:2.

소설 《난주》를 읽고 나니, 이 한 구절에 담겼을 곡진한 사연에 가슴이 먹먹해진다. 전쟁 통에 부모를 여의었을까? 군인으로 징발되어 나간 아버지는 전사하고, 어머니는 강간당했을까? 정신 줄마저 놓은 어미의 품에서 어린 것을 강제로 떼어 왔을까? 설령 부모가 두 눈 시퍼렇게 뜨고 살아 있었던들 전승국의 장군이 제 자식을 데려간다는 데 막을 재간이 있었을까?

한데 이 소녀를 보라. 눈물 바람으로 지새우는 응석받이여야 마땅할 판에 여간 맹랑하지 않다. 나아만의 피부병이 심상치 않음을 눈치채고 상전에게 아뢴다. "주인어른께서 사마리아에 있는 한 예언자를 만나 보시면 좋겠습니다. 그분이라면 어른의 나병을 고치실 수가 있을 것입니다"왕하 5:3. 나아만의 아내는 소녀의 말을 무시하지 않고, 남편에게 그대로 전한다. 소녀가 이 집안에서 인정받고 있었다는 뜻이다.

종들의 신세는 어디나 얼추 비슷하다. "웃것은 아랫것에 매정하고 아랫것은 또 그 아랫것에 냉혹하여, 남종은 개돼지나 같고 여종은 군졸들을 위안하는 창부나 다름없"기에[4] 몸도 마음도 이내 병든다. 하지만 아무리 어둠이 깊어도 빛을 이길 수는 없다. 아니 "별들의 바탕은 어둠이 마땅하다/ …/ 지금 어둠인 사람들만/ 별들을 낳을 수 있다"(정진규, 〈별〉 중에서). 소설 속 정난주가 유배지 제주에서 자기만의 별을 낳듯이, 성경 속 이스라엘 소녀는 포로지 시리아에서 홀로 반짝이는 별이 된다.

"촉망받는 인재나 사대부의 자제나 왕궁의 귀여운 왕자가 명운을 이어 가는 것이 아니라, 천박하고 상스럽다 멸시받는 백성 하나하나의 삶 자체가 조선이었다."[5] 이 문장에서 '조선'을 '이스라엘'로 바꾸면 딱 저 소녀에게 들어맞는다. 힘 있는 왕족이나 귀족이나 제사장이 나라의 명운을 이어 가는 것이 아니라, 힘없고 연약한 백성 하나하나의 삶 자체가 이스라엘인 것이다.

F. W. W. 토팜, <나아만의 아내와 시녀>, 1902년판 어린이 성경 삽화.

●

이 소녀를 보라! 전쟁 통에 남의 나라로 붙잡혀와 종노릇을 하면서도 이토록 당당할 수가 없다. 자신의 믿음과 지식으로 상전의 가정을 구원함으로써 하나님의 보편적 구원 역사에 동참한다.

다시 '이스라엘'을 '하나님 나라'로 바꾸면 우리 자신의 이야기가 된다. "하나님의 나라는 눈으로 볼 수 있는 모습으로 오지 않는다. 또 '보아라, 여기에 있다' 또는 '저기에 있다' 하고 말할 수도 없다. 보아라, 하나님의 나라는 너희 가운데에 있다"눅 17:20-21.

엘리사의 처방

나아만은 아내의 말을 접수한다. 외교상 관례를 존중해 시리아 왕에게 먼저 허락을 구한다. 왕은 이스라엘 왕에게 편지를 보낸다. "내가 이 편지와 함께 나의 신하 나아만을 귀하에게 보냅니다. 부디 그의 나병을 고쳐 주시기 바랍니다"왕하 5:6. 이스라엘을 방문하는 나아만의 입장이 영 곤란했겠다. 한때 이스라엘과 전쟁을 벌여 승리한 장군이 아닌가? 지금은 보는 사람마다 인상을 찌푸리고 얼굴을 돌리는 악성 피부병 환자다. 갑의 자리에서 을의 자리로 졸지에 추락했다. 용하다는 이스라엘 예언자에게 잘 보일 요량으로 그는 "은 열 달란트와 금 육천 개와 옷 열 벌"왕하 5:5까지 챙겼다.

서신을 받아든 이스라엘 왕은 낙담하며 절규한다. 자기 옷을 찢으며 울부짖는다. "내가 사람을 죽이고 살리는 신이라도 된다는 말인가?"왕하 5:7 그는 나아만의 방문이 공연히 트집을 잡아 또 전쟁을 벌이려는 수작이 아닌가 의심한다. 이렇게 믿음이 없어서야! 시리아에 포로로 끌려간 이스라엘 소녀의 믿음과 대조되는 장면이다.

이 소식을 들은 엘리사는 왕에게 사람을 보내어 나아만을 자기에게 보내라 이른다. 나아만이 군마와 병거를 거느리고 엘리사의 집 문 앞에 왔다. 엘리사는 내다보지도 않는다. 사환을 시켜서 나아만에게 요단강으로 가 몸을 일곱 번 씻으라고 이를 뿐이다. 나아만은 발끈한다. 화가 머리끝까지 치밀어 오른다. "적어도, 엘리사가 직접 나와서 정중히 나를 맞이하고, 주 그의 하나님의 이름을 부르며 상처 위에 직접 안수하여, 나병을 고쳐 주어야 도리가 아닌가? 다마스쿠스에 있는 아마나 강이나 바르발 강이, 이스라엘에 있는 강물보다 좋지 않다는 말이냐?"왕하 5:11-12 불평하며, 발길을 돌려 버린다.

자아가 빳빳이 살아 있다. 분에 겨워 날뛰는 모

습이 술 취한 코끼리 같다. 그런 그를 충직한 부하들이 달랜다. "다만 몸이나 씻으시라는데, 그러면 깨끗해진다는데, 그것쯤 못할 까닭이 어디에 있습니까?"왕하 5:13 결국 나아만은 요단강으로 가서 일곱 번 몸을 씻는다. 자기의 신분과 지위와 권력을 상징하던 군복을 벗고, 한 번, 두 번, 강물에 들어갈 때마다 어쩌면 눈물을 쏟았을지 모른다. 한 번은 수치심에, 또 한 번은 부끄러움에, 다음은 회개의 눈물을.

　　마침내 그의 살결이 어린아이의 살결처럼 새 살로 돌아왔다. 그뿐인가? 그는 새사람이 되었다. 엘리사의 주님을 자신의 주님으로 모시고, 스스로 "예언자님의 종"왕하 5:18이라 몸을 낮춘다. 이 위대한 일의 처음을 우리는 안다. 이름조차 알려지지 않은 이스라엘 포로 소녀! 삶의 나락으로 굴러떨어졌어도 보석 같은 믿음 하나 붙잡고 산 수많은 난주 마리아들이 이렇게 성경 안팎에서 뒤틀린 역사를 올곧게 바로잡는다.

막달라
마리아

아름다움이
세상을 구원한다

복종이냐 자유냐

엘리트 은행가로 승승장구하던 앤디(팀 로빈스 역)는 아내가 딴 남자와 정을 통한 걸 알게 되면서 억장이 무너진다. 그뿐이 아니다. 마침 두 사람이 살해당하는데, 모든 증거가 그를 겨냥한다. 꼼짝없이 범인으로 몰린 그는 종신형을 피하지 못하고, 악질들만 모이는 악명 높은 감옥에 갇힌다. 흉악범들에게 그는 만만한 먹잇감이다. 시시때때로 두들겨 맞고 강간당한다. 그런 앤디를 측은히 여긴 레드(모건 프리먼 역)가 이곳에서 살아남는 법을 슬며시 조언한다. '무엇보다 절망에 익숙해져야 해. 헛된 희망은 독이야.'

2024년에 영화 〈쇼생크 탈출〉이 재개봉되었다. 30년이 지났어도 감동은 그대로다. 이 감동의 원천은 무엇일까? 여러 결의 답이 나오겠지만, 나는 희망을 포기하지 않는 앤디의 집요함에 눈길이 간다. "희망은 좋은 거예요. 어쩌면 가장 소중한 것인지도 몰라요. 그렇게 좋은 건 절대 사라지지 않아요." 믿음대로 앤디는 마침내 탈옥에 성공한다. 하지만 행동하기 위해서는 먼저 의지가 작동해야 한다. 앤디보다 앞서 투옥된 레드는 쇼생크의 규칙에 일찌감치 길들었다. 순응과 복종만이 요구되는 감옥생활에 최적화된 그의 육체는 감옥 밖의 삶이 오히려 두렵다. 감옥 밖에서 삶을 꾸린다는 의지 자체가 아예 없다.

그런 레드와 달리 앤디는 쇼생크의 문법을 거부한다. 아무리 감옥에 갇힌 몸이지만, 내면의 자유만큼은 누구도 앗아갈 수 없다고 믿는다. 이 믿음이 실체화되는 장면이 있다. 앤디는 은행 부지점장을 지낸 이력을 바탕으로 교도소장의 '검은돈'을 확실히 세탁해 주면서 신임을 얻는다. 사무실을 편리하게 들락거리던 어느 날, 교도소장의 책장에서 우연히 LP 음반 한 장을 발견한 그는 은밀한 저항을 시도한다.

회전판 위에 음반을 올리고 방문을 걸어 잠그고는 확성기를 켠다. 회전의자에 느긋하게 몸을 기댄 채 눈을 감는다. 그 순간, 교도소 안 곳곳으로 아름다운 음악이 흘러든다. 두 명의 소프라노 가수가 서로 화음을 주고받으며 부르는 노래에 죄수들이 최면에라도 걸린 듯이 귀를 기울인다. 누군가 '순간 정지' 버튼을 누른 것 같다. 세상이 잠시 멈추었다. 죄수들의 얼굴이 갑자기 순해졌다. 아름다움에 매혹된 표정이 순진무구하다.

예상치 못한 상황에 교도소장은 당혹감을 감추지 못한다. 교도소에 비상이 걸린다. 요란한 사이렌이 울리고, 간수들이 사무실 문을 부순다. 그러거나 말거나 앤디는 미동도 하지 않고 음악을 즐긴다. 실컷 두들겨 맞고 개처럼 질질 끌려 독방에 들어간 뒤에도 그는 실실 웃는다. 귓가에는 여전히 모차르트의 〈피가로의 결혼〉에서 백작부인과 수잔나가 부르는 "저녁 산들바람 부드럽게"가 맴돈다. 훗날 레드는 이 '사건'에 대해 다음과 같이 회고한다.

> 나는 지금도 그때 두 이탈리아 여자들이 무엇을 노래했는지 모른다. 사실 알고 싶지도 않았다. 때로는 말하지 않는 것이 최선인 경우도 있는 법이다. 그저 노래가 말할 수 없을 정도로 아름다웠다. 그래서 가슴이 아팠다. 이렇게 비천한 곳에서는 상상도 할 수 없는 높고 먼 곳으로부터 새 한 마리가 날아와 우리가 갇혀 있는 삭막한 새장의 담벽을 무너뜨리는 것 같았다. 그 짧은 순간, 쇼생크에 있던 우리 모두는 자유를 느꼈다.

예수, 호모 사케르

"유월절 엿새 전에, 예수께서 베다니에 가셨다. 그곳은 예수께서 죽은 사람 가운데에 살리신 나사로가 사는 곳이다"요 12:1. 나사로가 살아났다는 소문이 빠르게 퍼져 나가자, 많은 유대 사람이 예수를 믿게 되었다. 기성 종교체제에 기대어 밥벌이하는 이들에게 예수는 눈엣가시를 넘어 제거 대상 1호였다.

　　　제사장들과 바리새파 사람들은 즉각 공의회를 소집했다. "이 사람을 그대로 두면 모두 그를 믿게 될 것이요, 그렇게 되면 로마 사람들이 와서 우리의 땅과 민족을 약탈할 것입니다"요 11:48. 그해의 대제사장을 맡은 가야바가 입을 열었다. "당신들은 아무것도 모르오. 한 사람이 백성을 위하여 죽어서 민족 전체가 망하지 않는 것이, 당신들에게 유익하다는 것을 생각하지 못하고 있소"요 11:49-50.

　　　사법제도가 정착되기 이전 원시사회의 구성원들은 내부에서 갈등이 생길 때 서둘러 갈등을 봉합하고 공동체를 유지할 목적으로 '무고하지만 그를 위해 변호해 줄 사람이 없는' 주변인에게 죄를 뒤집어씌워 처단하는 '희생양 잡기'를 활용했다.[1] 이 주변인은 모두의 증오를 한 몸에 떠안은 채 폭력의 재생산을 막고 평화를 가져다주는 신성한 역할에 복무한다.

　　　프랑스 인류학자 르네 지라르는 "상호적 폭력에서 일인에 대한 만인의 폭력으로의 이행이 바로 문화의 기원이고 희생적 위기sacrificial crisis의 핵심"[2]이라고 밝힌다. 한편, 희생양이 되는 그 주변인을, 이탈리아 철학자 조르조 아감벤은 '호모 사케르*Homo sacer*'라 불렀다.[3] 어차피 법의 보호를 받지 못하기에 그를 죽여도 처벌이 가해지지는 않는다.

그러므로 "그들은 그날로부터 예수를 죽이려고 모의하였다"요 11:53는 문장은 예사롭지 않다. 제사장들과 바리새파 사람들이 예수를 희생양으로 잡기 위해 만반의 준비를 하고 있다. 이 장면이 영화로 재현된다면, 몹시 음산하고도 긴장감 넘치는 배경음악이 깔릴 판이다. 예수는 도망자 신세가 되었다. 유대 사람들 눈에 띄지 않으려고 광야에 인접한 지방으로 가서 숨어 지냈다.

그러던 중 유대 민족 고유의 명절인 유월절이 다가왔다. 우리의 설날이나 추석 풍경처럼 유대인의 명절에도 '민족의 대이동'이 펼쳐진다. 인파에 시달리지 않기 위해 일찌감치 예루살렘으로 올라가는 사람들이 많았다. 제사장들과 바리새파 사람들은 "예수를 찾다가, 성전 뜰에 서서 서로 말하였다. '당신들은 어떻게 생각합니까? 그가 명절을 지키러 오지 않겠습니까?'"요 11:56 예정일D-day이 정해졌다. 포고령이 떨어졌다. 누구든지 예수가 있는 곳을 알면 무조건 보고해야 한다. 숨겨 주었다가는 은닉죄로 덤터기를 쓸 수 있다.

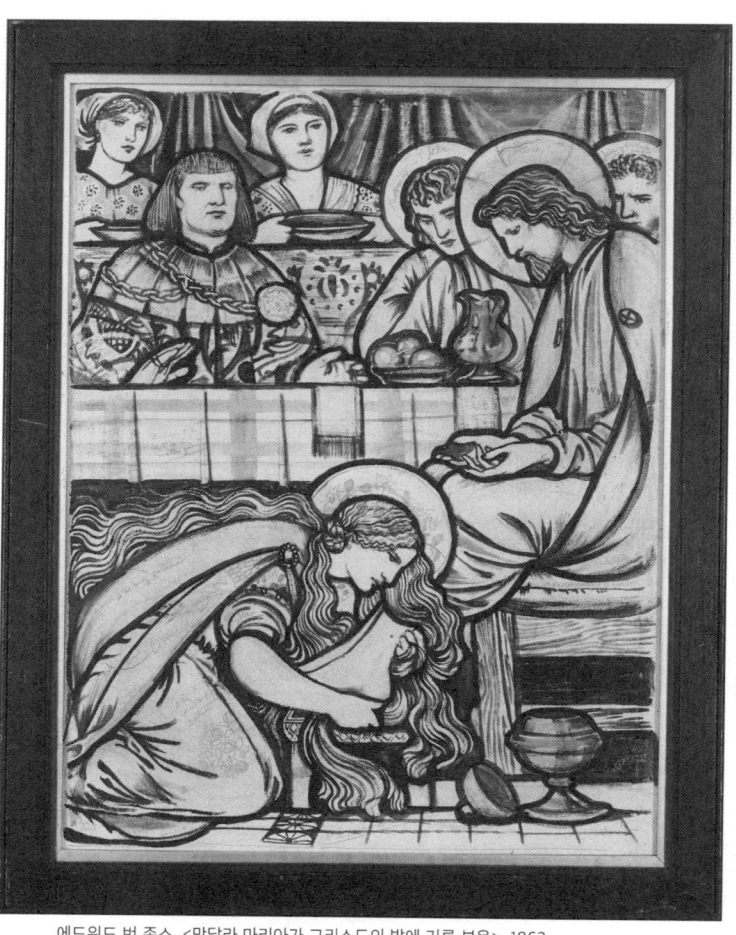

에드워드 번 존스, <막달라 마리아가 그리스도의 발에 기름 부음>, 1863

●

마리아는 십자가를 향해 나아가는 예수의 마음을 알아준 유일한 제자다. 아름다움은 값으로 치환될 수 없다. 아름다운 것에 머물렀던 우리의 시선은 영원까지 이어진다.

이처럼 무시무시한 상황에서 예수가 베다니에 출몰했다. 나사로가 자기 힘으로 식탁에 앉아 사람들과 함께 밥을 먹을 수 있을 정도로 몸이 회복되었다. 이를 축하하기 위해 마르다가 잔치를 베풀었다. 잔치의 주인공은 당연히 예수다. 예수에게 이 집은 일종의 안전가옥이었을 것이다. "거기서 예수를 위하여 잔치를 베풀었는데, 마르다는 시중을 들고 있었고, 나사로는 식탁에서 예수와 함께 음식을 먹고 있는 사람 가운데 끼여 있었다"요 12:2.

그때 전혀 예상치 못한 일이 일어난다. 마르다의 동생 "마리아가 매우 값진 순 나드 향유 한 근을 가져다가 예수의 발에 붓고, 자기 머리털로 그 발을 닦았다"요 12:3a. 향수가 아니라 향유다. 향수는 '뿌리는' 것이고, 향유는 '바르는' 것이다. 향유는 원액이므로, 값이 비쌀 뿐아니라 한두 방울만 발라도 향기가 진동한다. 그렇게 귀한 향유를 마리아가 예수의 발에 '부었다.' 무려 한 근이나 되는 양이다.

갈릴리를 떠나 유대 땅 곳곳을 떠돌아다닌 발, 광야를 헤매느라 흙먼지가 잔뜩 낀 발, 수고하고 고생한 발, 이제 예루살렘으로, 골고다 언덕으로 올라갈 발,

십자가에 달려 못 박힐 발, 괴롭고도 슬픈 예수의 발에 향유가 부어졌다. 마리아는 엎드려 자기 머리털로 그 발을 닦았다. 이 대목에서 요한복음 저자는 "온 집 안에 향유 냄새가 가득 찼다"요 12:3b는 말로 우리의 상상력을 일깨운다. 이 세상 냄새가 아닌 천상의 냄새가 공간을 가득 메웠다. 영원히 잊을 수 없는 향기에 모두 노출됐다. 왁자지껄한 잔치판이 문득 천국으로 변했다.

아름다움을 보지 못한 죄

아름다움의 경험은 더 바랄 게 없다는 충족감을 동반한다. 이 느낌은 양이 아니라 질이기에 굳이 계속되지 않아도 괜찮다. 비록 짧은 순간이나마 강렬한 아름다움에 접속한 사람은 그 기억을 영원히 저장할 수 있다. 예수와 마리아는 아름다움 안에서 그렇게 결속한다. 예수의 내면을 괴롭힌 번뇌가 스르르 잦아든다. 시인 윤동주가 〈십자가〉라는 시에서 "괴로웠던 사나이,/ 행복한 예수 그리스도"라고 표현한 것은 이 때문이리라. 예수는 자기가 걸어온 길, 그리고 걸어갈 길에 이토록 깊이 공감해 주는 제자가 있어 행복하다.

그때 갑자기 한 제자가 판을 깬다. "이 향유를 삼백 데나리온에 팔아서 가난한 사람들에게 주지 않고, 왜 이렇게 낭비하는가?"요 12:5 가룟 유다의 목소리다. 그는 예수 일행의 돈주머니를 맡고 있었다. 그만큼 제자 집단에서 신망이 높고 똑똑하다는 뜻이다. 왜 안 그렇겠는가? 다른 제자들처럼 갈릴리 출신의 시골 무지렁이가 아니다. 예루살렘 근처 가룟 출신으로서 정통 엘리트를 자부한다. 사회정의에 대한 열정도 남달라 '열심당(젤롯)' 소속으로도 활동했다. 그의 말에 토를 달기란 어려웠을 것이다.

따지고 보면 옳은 소리다. 로마의 중량 단위로 향유 한 근의 무게는 대략 327그램, 부피는 500리터쯤 된다. 향유 중에서도 인도에서만 나는 나드 향유는 귀하기로 소문났다. 저걸 팔면 가난한 사람 300명이 살 수 있는데, 왜 이런 식으로 낭비하냔 말이다. 가룟 유다는 자신의 말이 옳을뿐더러 선하다고 생각했을 것이다.

한데 뜻밖이다. 예수가 마리아를 두둔한다. "그대로 두어라. 그는 나의 장사 날에 쓰려고 간직한 것을 쓴 것이다. 가난한 사람들은 언제나 너희와 함께 있지만, 나는 언제나 너희와 함께 있는 것이 아니다"요 12:7-8. 놀란 건 유다가 아니었을까? 자기는 칭찬을 받고 마리아는 혼쭐이 날 줄 알았는데 거꾸로다. 뭣 때문인가? 대체 뭘 잘못했나?

옳음眞과 선함善과 아름다움美 가운데 아름다움은 평가절하되는 경향이 짙다. 지금은 공영방송에서 사라졌지만, 과거 미스코리아 대회가 성행했을 때도 1등은 진, 2등은 선, 3등은 미에 자리했다. 한데 나는 세 가지 궁극가치 중 가장 지고한 가치를 꼽으라면 아름다움이라고 말하고 싶다. 옳음과 선함은 때때로 다툼을 유발하나, 아름다움은 오히려 다툼을 중지시키는 마법을 부리기 때문이다. "'아름다운 것'이란 정확히 말해 '갈등이 사라지게 하는 것'이다."[4]

그 홀리는 힘 앞에서 무너지지 않는 강심장이 유죄다. 가룟 유다는 지금 자기 눈앞에서 펼쳐지는 순수한 아름다움이 보이지 않는다. 순수하다는 건 욕망과 무관하다는 뜻이다. 다이아몬드 앞에서만 아름다움을 느낀다면 그 마음은 이미 오염되었다. 아르노 브레커*가 조각한 〈전사〉가 제아무리 미끈한 균형미를 뽐내도 권력욕과 야합한 이상, 순수할 수는 없다.

마리아의 머릿속에는 다른 입력값이 들어 있지 않았다. 오로지 예수, 그리고 예수가 져야 할 십자가만 있었다. 그녀의 사랑은 순수했다. 이에 비해 가룟 유다는 불순했다. "그가 이렇게 말한 것은, 가난한 사람을 생각해서가 아니다"요 12:6. 요한 저자의 부연설명은 과장이 아니다. 다른 제자들과 마찬가지로 십자가는 그의 계산에 없었다. 다른 제자들보다 더욱 십자가는 그를 불안에 떨게 했다. 예수가 이 불길한 단어를 입에 올릴 때마다 조직의 와해가 걱정스럽고, 자신의 안위가 염려되었다. 그렇게 되면, 조직에 헌신한 내 삶은 무엇으로 보상받아야 하나, 생각이 꼬리를 이었다.

　　예수는 그런 가룟 유다마저도 사랑했다. 원래 사랑하는 사람끼리는 내가 아름답다고 느끼는 걸 상대방도 똑같이 감탄해 주길 바란다. 아름다움은 주관적이면서 동시에 보편적이다. 하지만 가룟 유다는 아름다움과 마주하면서도 그것을 아름답다고 느끼지 못한다. 하여

 ● 아르노 브레커Arno Brecker, 1900-1991는 프랑스 출신의 조각가요 판화가였다. '히틀러의 미켈란젤로'라 불리며 나치 정권을 선전하는 '공공 예술'에 앞장섰다.

"그 사람은 차라리 태어나지 않았더라면, 자기에게 좋았을 것이다"마 26:24b라는 예수의 말은 안타까운 사랑의 고백으로 읽어야 한다. 아름다움을 보지 못한 죄로 가룟 유다가 짊어져야 할 천형이 예수는 몹시도 안쓰러웠다.

    같은 이유에서 나는 요한복음의 마리아가 '헌신'의 전형으로만 소비되는 관행이 못내 아쉽다. 향유 옥합을 깬 그녀의 위대한 실천은 '거룩한 낭비'로 포장되어 헌금을 유도하거나 봉사를 강요하는 맥락에서 소환되곤 한다. 마리아의 이야기를 이런 식으로 활용하는 건 온당치 못하다. 마리아는 예수의 발아래 무릎을 꿇었다. 이 낮은 자리는 제자도를 상징한다. 자고로 제자는 스승과 함께 길 가는 사람이다. 스승의 길을 자기도 따라야 한다.

    마리아는 예수가 십자가에 달려 죽어 갈 때도 그 곁을 지켰다. 사흘 만에 부활한 극적인 사건도 그녀가 첫 번째로 목격했다. 그래서 우리는 베다니의 마리아를 '막달라 마리아'[5]로 부르는 데 주저하지 않는다. 잘 지어진 요새처럼 견고한 사랑을 지킨 제자, 곧 '위대한 마리아'다.[6] 어쩌면 그녀는 예수의 "발 곁에 앉아서"눅 10:39

말씀을 들었을 때 이미 죽음을 경험하지 않았을까? 하기야 죽음을 통과하지 않고서 어찌 사랑을 노래하랴? '오직 사랑'에 자신의 전부를 걸고 홀린 듯이 낮은 자리로 내려간 마리아에게서 영원한 아름다움이 빛난다. 결국은 "아름다움이 세상을 구원할 것이다."[7]

호세아

그 섬에
가고 싶다

누구를 위하여 종은 울리나

〈누구를 위하여 종은 울리나〉는 미국 소설가 어니스트 헤밍웨이의 장편소설이다. 젊은 시절 스페인 내전에 종군기자로 참여한 경험을 소설에 녹였다. 1943년에 영화로도 제작되었는데, 할리우드의 전설적인 배우 게리 쿠퍼와 잉그리드 버그만이 각각 남녀 주인공을 연기했다. 내가 이 옛날 영화를 본 건 공중파 간판 프로그

램이었던 '주말의 명화'를 통해서다. 볼거리가 많지 않던 시절, 여고생의 감성을 충족하기에는 이만한 재료가 없었다.

그때는 어려서 로버트와 마리아의 애절한 사랑밖에는 보이지 않았다. 미국 몬태나주 대학교에서 스페인어 강사로 일하던 평범한 사내가 어쩌다 스페인 내전에 참전할 마음을 먹게 됐는지, 또 지체 높은 시장님 딸로 귀염받던 마리아가 어쩌다 파시스트들에게 강간당하고 게릴라군에 가담하게 됐는지 세세하게 챙겨 보지 못했다. 바야흐로 제2차 세계대전 직전, 히틀러와 무솔리니가 프랑코 정권과 야합한 정황은 찾아볼 새도 없었다. 원작소설이 반전反戰을 주제로 한다는 것, 또한 스페인의 국민 화가 파블로 피카소가 그린 〈게르니카〉와 한 줄기로 엮인다는 것도 관심 밖이었다.

다만 한 가지는 확실히 인지했다. 지금 생각하면, 인터넷이 없던 시절 어떤 경로를 통해 그런 정보를 입수하게 됐는지는 기억나지 않지만 소설과 영화의 제목이 시에서 나왔다는 사실 말이다. 소설을 탈고하고 제목을 붙이지 못해 고심하던 헤밍웨이의 눈에 마침 17세기 영국 시인이자 성공회 사제였던 존 던의 묵상집이

들어왔다. 우연히 펼친 대목이 하필이면 〈누구를 위하여 종은 울리나〉묵상 17였다나.

> 누구도 홀로 온전한 섬이 아니니,
> 모든 인간은 대륙의 한 조각이며 대양의 한 부분이기 때문이다.
> 만일 흙덩이가 바닷물에 씻겨 내려가면, 유럽의 땅은 그만큼 작아지며,
> 바닷가 모래톱이 씻겨 가도, 그대와 친구들의 땅이 씻겨 가도 그러하다.
> 그 누구의 죽음도 나를 작아지게 하니, 나는 인류에 속해 있기 때문이다.
> 그러니 누구를 위하여 종이 울리는지 알려고 사람을 보내지 말라.
> 종은 그대를 위하여 울린다.

공책에 적어 놓은 이 시를 읽고 또 읽으며 통째로 외워 버렸다. 아마 잘난 체하고 싶어서였을 것이다. 그 뒤 10여 년쯤 더 지나 박노해 시인의 〈인다라의 구슬〉을 만났다. "지구 마을 저편에서 그대가 울면 내가

웁니다"[1]라는 문장에 숨이 턱 막혔다. 아마도 사랑 때문이었을 것이다. 원래 사랑은 아프다. 아프니까 사랑이다. 류근 시인이 쓰고 김광석 가수가 노래한 것처럼, "너무 아픈 사랑은 사랑이 아니었다"[2]고 울부짖을 때조차도 사랑은 사랑이다.

수상한 소명

'사랑의 예언자'라는 별명을 지닌 이가 있다. 통일 왕국이던 이스라엘이 남북으로 갈라져 유다와 이스라엘로 각각 발전해 가던 주전 8세기에 북왕국에서 활동한 호세아다. 당시 북왕국 이스라엘은 여로보암 2세의 통치 아래 전례 없는 번영을 누리고 있었다. 여로보암 2세는 강력한 이웃 나라 아시리아 제국이 내부 혼란으로 인해 정신없는 틈을 타 재빨리 나라의 입지를 굳혔다. 국경을 확장해 과거 다윗-솔로몬 시대와 맞먹는 영토를 차지할 만큼 국력을 키웠다. 지중해에서 요르단 동쪽을 통과하는 무역로를 확보해 막강한 부를 쌓아 갔다 왕하 14:25 참고.

라파엘로, <호세아 예언자>, 프레스코화 스케치 부분

●

'사랑의 예언자' 호세아, 그러나 그의 사랑은 얼마나 슬픈가? 하나님의 사랑이 그렇다. 늘 배반당하고 멸시받으면서도 거두어들이지 못하는 지독한 사랑 때문에 하나님이 아프시다.

세상의 눈으로 보면 능력자다. 노골적으로 말해, 한 집안의 가장이 좁은 아파트를 넓은 평수로 늘려 가고 얄팍한 월급봉투를 두툼하게 가져오면 좋은 아버지 아닌가? 한 기업의 경영자가 문어발처럼 쭉쭉 사업을 확장하고 직원들에게 화끈하게 보너스를 쏘아 주면 훌륭한 사장 아닌가? 한 나라의 통치자가 분단국가의 이미지를 씻고 그 나라를 번듯하게 만들어 놓았으면 위대한 지도자로 칭찬해야 마땅하지 않은가?

　　흔히 승리와 번영은 하나님의 각별한 은총을 받은 표지로 인식된다. 하나님을 잘 믿는 사람에게는 장밋빛 꽃길이 펼쳐져야지 고난의 가시밭길이 놓이면 안 된다고 생각하는 경향이 짙다. 당시 이스라엘도 그랬다. 왕이든 제사장이든 백성이든 한결같이 입을 모아 하나님의 은혜를 찬양했다. 야훼 하나님께서 더 풍요로운 미래를 가져다주실 거라는 믿음에 토를 다는 이가 없었다.

　　그 믿음을 뒤흔드는 사람이 나타났다. 이스라엘이 지금 잘못된 길을 가고 있다고 목에 핏대를 세운다. "이 땅에는 진실도 없고, 사랑도 없고, 하나님을 아는 지식도 없다. 있는 것이라고는 저주와 사기와 살인과 도둑질과 간음뿐이다. 살육과 학살이 그칠 사이가 없다. 그렇기 때문에 땅은 탄식하고, 주민은 쇠약해질 것이다. 들짐승과 하늘을 나는 새들도 다 야위고, 바다 속의 물고기들도 씨가 마를 것이다"호 4:1b-3. 독설을 날린 예언자가 바로 호세아다.

한데 이상하다. 호세아를 예언자로 부르면서 하나님이 주신 소명을 이해하기 어렵다. "너는 가서 음란한 여인과 결혼하여, 음란한 자식들을 낳아라!"호 1:2 무릇 예언자라면, 엘리야처럼 거짓 예언자 850명과 맞붙어 이긴다든지, 그런 설득력 있는 서사로 포장되어야 전설로 남지 않겠나? 호세아의 마음속에 '결혼이 무슨 장난인가? 음란한 여인과 결혼하라니, 이 무슨 모양 빠지는 소리인가?' 반발심이 들었겠다. '메신저가 메시지다'라는 명제는 광고업계에서만 통용되는 진실이 아니다. 아무리 사생활에 흠집이 없는 예언자라도 대중은 쉽게 마음을 내주지 않는다. 하물며 사생활이 복잡한 예언자의 메시지에 누가 귀를 기울이겠는가?

자녀를 낳으면 온갖 기대와 소망을 듬뿍 담아서 복스러운 이름을 붙여 주어도 시원찮을 판에, 하나님이 지어 주신 이름은 상상을 초월한다. 맏아들을 '이스르엘'로 부르란다. 여로보암 2세의 증조부인 예후가 쿠데타로 권력을 잡을 당시, 무려 70명을 학살한 장소다. 이 이름을 부를 때마다 예후 왕조를 탄생시킨 피 묻은 기억이 소환된다. 동시에 이스라엘을 멸하겠다는 하나님의 굳은 의지가 확인된다. 둘째로 태어난 딸의 이름은 '로루하마', 셋째로 태어난 아들의 이름은 '로암미'로, 각각 '용서하지 않는다', '너희는 내 백성이 아니다'라는 뜻이다.

살면서 한 번도 '당신은 내 남편(아내)이 아니야', '너는 내 아들(딸)이 아니야'라는 말을 입 밖에 내본 적이 없다고 하면 거짓말이다. '용서할 수 없어'라는 말은 더 자주 쓴다. 하지만 말에 걸려 넘어지면 또 안 된다. 상대방이 저렇게 말할 때는 아프다는 신호다. 말 너머에 있는 마음을 읽어야 한다. 지금 하나님이 그렇다. 말씀은 저리 무섭게 하면서 예언자에게 '결혼'을 주문한다. 정부情夫와 바람 난 여인, 남편 배반하기를 밥 먹듯이 하는 여인과 결혼하란다.

하나님이 "모든 민족 가운데서 나의 보물"출 19:5이라고 부르며 애지중지한 이스라엘의 행태가 호세아의 아내 고멜과 비슷하다는 것이다. '나는 너희의 하나님, 너희는 나의 백성"레 26:12 참고이라는 말법은 전형적인 성혼선언문의 형식을 띤다. 고대 서남아시아 세계에서는 신과 인간의 관계가 친밀할 수 없었다. 인간은, 메소포타미아 지역을 대표하는 아트라하시스 창조신화에 나오듯이, 한낱 신들이 부리는 천한 몸종에 불과했다. 신들은 신들끼리 논다. 바알과 아세라처럼 남신의 짝은 여신이다. 신들 사이에도 위계질서가 뚜렷했다.

반면에 야훼 하나님은 남신도 아니고 여신도 아니다. 이 세상에 있는 여러 신 가운데 하나도 아니고 최고도 아니다.[3] 오직 유일하신 하나님이다. 그분은 "당신의 형상대로"창 1:27 지은 사람과 동행하기를 원하신다. 망가진 세상을 함께 수리하기 원하신다. 하나님과 인간이 남편과 아내처럼 친밀한 관계를 맺을 수 있다는 발상은 이스라엘에서만 발견되는 독특한 신학이다.

사람들 사이에 섬이 있다

호세아는 시내산 언약이 깨진 것을 아파하는 하나님의 마음을 몸소 느껴야 했다. 그저 껍데기 결혼생활을 유지하는 것만으로는 부족하다. 아내를 진실로, 영원히 사랑해야 한다. 그의 아내 고멜에 대한 정보는 '디블라임의 딸'이 전부다. 디블라임이 '무화과 떡 두 덩이'라는 뜻이고 보면, 디블라임의 딸은 '무화과 떡 두 덩이로 살 수 있는 값싼 여자'라는 의미인지도 모르겠다.

핵심은 하나님이 '선택한 백성, 제사장 나라, 거룩한 민족'출 19:5-6이 되어야 할 이스라엘이 이름값을 하지 못한다는 데 있다. '먹을 것과 마실 것, 입을 털옷과 모시옷, 기름과 술'호 2:5에 정신이 팔려 하나님을 잊어버렸다. 한마디로 이스라엘 자손의 '입맛'이 변했다. 누룩 없는 푸석한 빵(무교병)을 먹으면서도 감사를 잃지 않던 마음이 살 만해지니까 오염됐다. 수시로 "건포도 과자"호 3:1, 개역개정를 탐한다.

여기 나오는 '건포도 과자'는 당연히 '일용할 양식'이 아니다. 특별 간식, 그것도 '하늘 여왕', 곧 아세라나 아스다롯(이쉬타르) 여신에게 봉헌되는 제의용 음식을 가리킨다삼하 6:19; 렘 7:18, 44:19. 이스라엘 백성의 내면을 좀먹는 바알 숭배를 꼬집는 용어다. 하나님을 예배한다면서 "자기 자신들의 기대에 맞게, 자신들의 욕구를 충족시키기 위해 … 훨씬 다루기 쉬운 신으로 변형시켰다. 구원의 하나님을 하찮은 신으로 대체시켰다."**4**

이쯤 되면 관계를 깨끗이 정리하는 게 슬기로운 처사다. 한데 하나님을 보라. "이스라엘 자손이 다른 신을 섬기고 건포도 과자를 즐길지라도 여호와가 그들을 사랑하나니"호 3:1 개역개정. 이 마음을 깨닫기 위해 호세아더러 고멜을 사랑하란다. (새번역 성경에는 "이스라엘 자손이 다른 신들에게로 돌아가서 건포도를 넣은 빵을 좋아하더라도, 나 주가 그들을 사랑하는 것처럼"이라고 번역돼 있다.) 대책 없는 사랑, 바보 같은 사랑이다. 신이 이토록 낮아질 수 있는가?

이스라엘 작가 아모스 오즈는 '인간은 섬이 아니'라고 노래한 존 던의 시를 받아서 이렇게 덧붙였다. "그 어떤 남자라도, 그 어떤 여자라도 섬은 아니지만, 우리 모두는 반도半島이다."**5** 반도는 대륙과 바다 양쪽에 걸쳐 있다. 사람이 대륙이기만 하다면, 자칫 '홀로 만족'이라는 유혹에 빠질 수 있다. 타자가 소거된 채 '자기 속으로 구부러진 인간'**6**은 하나님의 창조 질서에 맞지 않는다. 인간은 타자를 필요로 한다.

정현종 시인은 〈비스듬히〉라는 시에서 서로 기댈 수밖에 없는 생명의 원리를 직설화법으로 노래했다.

"생명은 그래요/ 어디 기대지 않으면 살아갈 수 있나요?/ 공기에 기대고 서 있는 나무들 좀 보세요…"[7] "소나무가 말라 죽으면 잣나무가 슬퍼"[8]하는 이치도 저들이 공기를 통해 서로 기대고 있는 까닭이다. 나무 한 그루가 자라는 데는 뿌리 내릴 땅 못지않게 기댈 공기가 필요하다.

사람도 그렇다. 그가 몸담은 환경, 곧 가족이나 사회, 민족이나 문화 따위가 든든한 대륙이 되어 주어야 하지만, 그것만으로는 부족하다. 바다로 나아가 무수한 가지를 뻗으며 살아야 한다. 그 바다 위에 한 점 조각 땅이 섬이다. 정현종 시인은 "사람들 사이에 섬이 있다/ 그 섬에 가고 싶다"[9]고 노래했다. 섬은 바다의 항해자를 쉬게 해 준다. 인생의 순례자에게 안식을 주어 자신의 여정을 완성할 수 있도록 품는다.

나는 그 섬의 이름을 안다. 하나님께 이끌려 호세아가 사랑의 순례길에 오르기 위해 반드시 거쳐야 하는 섬, 그 섬의 이름은 '지라도'! '지라도'라는 이음씨는 씹을수록 신비한 매력이 있다. 이어지는 말이 뾰족할 수 없다. '지라도'를 주문처럼 내뱉는 순간, 반전의 상황이 펼쳐진다. 돈을 못 벌**지라도** 괜찮다. 외모가 잘나지 않을**지라도** 괜찮다. 공부를 못할**지라도** 괜찮다. 몸이 건강하지 않을**지라도** 괜찮다. "삶이 그대를 속일**지라도**"[10] 괜찮다. 슬퍼하거나 노하지 말라. 여기에 그대의 손을 잡아 줄 내가 있고, 하나님이 계시다.

어지간해서는 사람이 바뀌지 않는다고들 말한다. 맞다. 심리상담이나 정신분석으로도 사람은 잘 바뀌지 않는다. 그럴**지라도** 괜찮다. 이렇게 구제 불능인 사람을 끝끝내 포기하지 않으시는 하나님이 계시다. 스스로 높은 자리가 아니라 낮은 자리로 내려가신 하나님, 그분의 바보 같은 사랑이 희망이다.

감사의 말

이 책은 격월간 〈공동선〉에 2023년부터 2024년까지 두 해 동안 연재한 글을 묶은 것이다. 누리집에 소개된 대로 〈공동선〉은 "1993년 김수환 추기경과 진보적인 종교인 그리고 일반인들을 중심으로 우리 사회가 다 함께 사는 민주주의를 이룩하는 데 도움이 되고자 창간"한 잡지다. 모든 인간의 '공동 가치'를 추구하면서 평화의 길을 닦는 데 디딤돌이 되려고 애쓴다.

이토록 무게 있는 잡지에 글을 싣게 된 건 김진호 목사님(전 제3시대그리스도교연구소 연구실장) 덕분이다. 그분이 "당신들의 십자가"라는 꼭지명의 연재를 마치면서 내게 바통을 넘겼다. 마침 월간 〈새가정〉에 '교회 옆 미술관'을 연재하고 있던 때라 머뭇거렸지만, 나를 추천한 분의 뜻을 저버릴 수 없었다. 지향은 비슷하나 결이 다른 글을 써야겠다고 마음먹던 차에 〈공동선〉 편집주간 문윤길 선생님이 '낮은 자리'를 제안하셨다.

첫 원고로 유두고 이야기를 써 보낸 건 어느덧 20년 넘게 대학 선생질을 하면서 그만큼 우리 시대 청년 노동 문제가 심각하다고 느낀 탓이다. 기독교윤리를 공부했기 때문인지, 내 글은 시대의 화두라는 자장을 벗어나지 못한다. '이제 여기'의 문제를 들여다보기 위해 '어제 거기'의 이야기를 끌어오는 행위가 무모해 보이기도 하지만, 나는 한강 선생의 말에서 위안을 얻는다. 특유의 나직한 목소리로 천천히 또박또박 그녀가 말했다. 과거는 현재를 도울 수 있다고. 나에게 성서는 그런 책이다. 과거에 기록되었으나 현재를 살리는 책, 이름하여 '오래된 미래'.

예의상 1년만 연재하려던 계획이 틀어져 해를 넘기게 되었다. "항상 기다려지는 글"이라는 문윤길 선생님의 인사가 마법을 발휘했을까? 아니면 팔랑귀인 내가 독자들의 입바른 칭찬에 넘어간 걸까? 나는 글의 힘을 믿는 사람이다. 한번 시작한 글은 스스로 길을 찾는다. '낮은 자리'를 연재하면서, 다시 말해 누군가의 '낮은 자리'를 묵상하면서 내 신앙의 키도 한 뼘 더 자랐다. 낮은 자리야말로 하늘이 깃드는 자리다.

〈새가정〉에 실렸던 '교회 옆 미술관'은 비아토르 출판사와 만나 번듯한 책으로 거듭났다. 《교회 옆 미술관》을 내면서 비아토르 대표 김도완 목사님과 쌓은 신뢰가 《낮은 자리에서 보이는 것들》로 이어졌다. 이로써 김도완 목사님과 손잡고 내는 책이 세 번째다(첫 번째는 김 대표님이 포이에마 출판사에 있을 때 나온 《두 글자로 신학하기》). 원래 '3'이라는 숫자가 신성한 완전수이니, 이번 책은 전작들보다 더 잘 되었으면 하는 바람을 실어 본다.

출판시장이 몹시 열악한데도 계속해서 책을 내주신 김도완 목사님께 감사드린다. 지난 2년간 소중한 지면을 허락해 주신 〈공동선〉 식구들께도 고마움을 전한다. 책에는 잡지에서 다루지 않은 두 인물을 보탰다. 호세아와 막달라 마리아가 그렇다. 성서의 인물을 고를 때는 《교회 옆 미술관》과 겹치지 않으려 노력했지만, 부득이 겹치기도 했다. 그러나 눈 밝은 독자는 알아챌 것이다. 설령 인물이 겹치더라도 접근방법은 다르다는 것을. 성경을 읽는 묘미가 여기에 있다.

이은교회를 맡아 화성으로 이주한 뒤, 이곳에서

태어난 책들이 제법 많다. 시골 목사는 존재론적으로 낮은 자리다. 처음 만나는 이마다 교인이 몇 명이냐고 물을 때 곤혹스럽다. 열 명이라고 답하면 눈빛이 달라진다. 그 눈빛에 경외심이 깃들기란 어렵다. 고작 열두 제자밖에 거느리지 못한, 그들에게마저 등 돌림을 당한 예수도 자기를 쳐다보는 사람들의 눈빛에 찔렸을까? 머리에 쓴 가시관이나 손발에 박힌 못보다 그 눈빛이 더 아팠을까?

놀랍게도 그 순간 예수의 눈은 하늘을 향했다. 세상에서 가장 낮은 자리, 십자가에 달린 예수는 가장 높으신 하나님과 하나였다. 목사에서 목수로 더 낮아진 옆지기의 손끝에서 십자가가 탄생하던 순간을 나는 생생히 기억한다. 텅 비어 있으나 가득 찬 십자가의 역설을 기막히게 담아냈다. 나무와 춤을 추는 목수의 노동을 보노라면 낮은 자리야말로 은총의 잔치판임을 절절히 느낀다. 자기 자신과 더는 전쟁하지 않고 화해한 이의 얼굴이 거기에 있다.

오늘 우리 시대가 명명한 낮은 자리에서 묵묵히 하늘 뜻을 펼치며 살아가는 이들에게 이 책이 따뜻한 위로가 되면 좋겠다.

주

여는 말_높은 자리를 욕망하는 세상에 말 걸기

1— 헨리 나우웬, 《탕자의 귀향》, 최종훈 옮김, 포이에마, 2016. 원서(*The Return of the Prodigal Son*)는 1992년에 나왔다. 이 책이 나오고 4년 뒤에 헨리 나우웬은 하나님의 품에 안겼다.

2— 헨리 나우웬, 《데이브레이크로 가는 길》, 최종훈 옮김, 포이에마, 2014. 원서(*The Road to Daybreak: A Spiritual Journey*)는 1988년에 출간되었다.

3— 헨리 나우웬, 《세상의 길 그리스도의 길》, 편집부 옮김, IVP, 2020(개정판). 원서(*The Selfless Way of Christ*)는 1981년에 나왔다.

4— 윗글, 23쪽.

5— 윗글, 18쪽.

6— 윗글, 25쪽.

1부 삶과 죽음을 넘어

유두고_행운이라는 이름을 가졌으나

1— 오스트리아 출신의 사회학자 이반 일리치는 노동을 세 가지로 구분했다. 자기가 필요한 것을 직접 생산하는 '자급자족 노동', 남이 필요한 것을 돈을 받고 제공하는 '임금 노동', 그리고 임금 노동자 뒤에서 대가나 보수 없이 그의 노동을 지원하는 '그림자 노동'이다. 가사노동이 대표적인 그림자 노동에 속한다. 이반 일리치, 《그림자 노동》, 노승영 옮김, 사월의책, 2015.

2— 개발독재가 한창이던 시절에 나온 조세희의 연작 소설 《난장이가 쏘아올린 작은 공》(문학과지성사, 1978; 이성과힘, 2024 개정판)은 농촌을 떠나 서울 달동네로 몰려든 사람들, 부조리한 시대의 무게에 짓눌려 '난쟁이'가 되어 버린 사람들을 그린다. 이 소설 속 주인공이 사는 동네가 하필이면 '서울시 낙원구 행복동'이라는 데서 '유두고'의 그림자가 엿보인다.

3— 조안 B. 시울라, 《일의 발견》, 안재진 옮김, 다우, 2005: 65쪽.

4— 노예제 사회에서 '인간답다'는 말은 '일하지 않는다'는 말과 같은 의미였다. 이에 반해 창세기의 하나님이 사람을 창조하실 때 손수 흙으로 빚는 노동을 마다하지 않으셨다는 보도는 얼마나 역설적인가! 구미정, 《그림으로 신학하기》, 서로북스, 2021: 71-73쪽 참고.

5— 우리 헌법은 '노동력을 제공하고 얻은 임금으로 생활을 유지하는 사람'을 '근로자'라 부른다. 세계인이 '노동절'로 기억하고 기념하는 5월 1일을 '근로자의 날'이라 명토 박고, 이날을 '근로기준법'에 따라 유급휴일로 정했다. 박정희 군사정권 시절(1963년)에 일어난 일이다. 일제의 잔재인 이 용어를 이제는 바꾸어야 하지 않을까?

6— 존 로크와 애덤 스미스에 이르러 격상되기 시작한 노동의 지위는 카를 마르크스에 와서 절정을 찍었다. 한나 아렌트의 표현을 빌리면, 오랜 세월 비천한 자리에 있던 노동이 "인간의 활동 중 최고이자 가장 높은 지위로 갑작스럽고도 눈부시게 상승"하게 되었다. 한나 아렌트, 《인

간의 조건》, 이진우·태정호 옮김, 한길사, 1996: 156쪽; 그러나 자본주의의 물리적 조건에만 주목한 마르크스와 달리, 베버는 문화적 조건에도 눈길을 주었다. 다시 말해, 노동을 신성하게 보는 새로운 가치관을 지닌 집단, 곧 '세속적 금욕주의'로 무장한 개신교인의 등장을 고려하지 않으면 근대 자본주의를 설명할 수 없다고 보았다. 막스 베버, 《프로테스탄트 윤리와 자본주의 정신》, 박성수 옮김, 문예출판사, 2023; 하지만 천민자본주의와 신자유주의 시대정신을 답습한 이 땅의 개신교는 더 이상 유두고들을 구원하지 못한다는 게 내 생각이다.

다말_ 차라리 뒤주에라도 갇혔다면

1— 미갈에 관한 새로운 해석으로는, 나의 졸저, 《교회 밖 인문학 수업》, 옥당, 2019: 165-191쪽을 볼 것.

2— 이영재 외, 《일점일획 말씀묵상》 5권, lbp, 2021: '사랑' 참고.

3— 다른 글에서 나는 복수의 허망함에 대해 짚은 바 있다. 아울러 기독교인이 쉽게 인용하는 성경 구절, "일곱 번씩 일흔 번이라도"(마 18:22, 공동번역) 용서하라는 말이 지닌 폭력성에 대해서도 언급했었다. 구미정, 《두 글자로 신학하기》, 포이에마, 2013: '용서' 편 참고; 이른바 '회복적 정의'가 실현될 가능성을 원천봉쇄한 압살롬의 성급함이 못내 아쉽다.

4— 헨리 나우웬의 최고 역작으로 널리 알려진 책 제목이다. 《상처 입은 치유자》, 최원준 옮김, 두란노, 1999; 원서(The Wounded Healer)는 1972년에 나왔다.

삭개오_비틀린 욕망의 끝자락에서

1— 기형도 전집 편집위원회 엮음, 《기형도 전집》, 문학과지성사, 2005: 68쪽.

2— 아들러의 열등감 이론에 관해서는, 알프레드 아들러, 《열등감, 어떻게 할 것인가》, 신진철 옮김, 소울메이트, 2015: 특히 38-42쪽을 볼 것.

3— 프로이트가 인간의 무의식에는 억압된 성적 충동이 있다고 본 반면에, 융은 억압된 성적 충동뿐 아니라 인간 행동의 원초적이고 보편적인

원형을 갖추고 있다고 보았다. 카를 G. 융, 《인간과 상징》, 이부영 외 옮김, 집문당, 2013: 1장.

4— '텔로네스'에 대한 정확한 번역은 '조세 임차인'이 맞다. 헬레니즘 통치기, 곧 프톨레마이오스 왕조 때 도입된 이 제도는 통치자들이 조세 징수인을 통해 간접적으로 세금을 거두어 들이는 제도로, 대개는 일 년마다 최고 금액을 제안하는 사람에게 조세 징수권이 입찰되었다. 에케하르트 슈테게만·볼프강 슈테게만 지음, 《초기 그리스도교의 사회사》, 손성현·김판임 옮김, 동연, 2008: 192-202, 특히 193쪽.

5— 시몬 베유, 《중력과 은총》, 윤진 옮김, 이제이북스, 2008: 12쪽.

6— 강신주, 《강신주의 감정수업: 스피노자와 함께 배우는 인간의 48가지 얼굴》, 민음사, 2013: 79쪽.

야엘_그 눈물이 강물이 되어 흐를 때

1— 함석헌, 《뜻으로 본 한국역사》, 한길사, 1993: 327쪽.

2— 윗글, 83쪽.

3— 당시의 여러 신문기사를 볼 것.

4— 이와 관련해서는, 나의 졸고, "종전선언과 반공기독교 성찰—황석영의 〈손님〉을 중심으로", 〈신학연구〉 78집, 2021: 137-170쪽을 볼 것.

5— 박경리, 《일본산고》, 다산책방, 2023.

6— 미국의 문화인류학자 루스 베네딕트는 1946년에 내놓은 자신의 주저에서 일본 문화가 '국화와 칼'로 상징된다고 밝혔다. 미 국무성의 의뢰를 받아 쓴 이 책은 일본학의 고전으로 손꼽힌다. 루스 베네딕트, 《국화와 칼》, 박규태 옮김, 문예출판사, 2008.

7— 귄터 그라스, 《양철북》 1-2권, 장희창 옮김, 민음사, 1999.

삼손_강한 남자 증후군의 전말

1— 로드 벡스트롬·오리 브라프먼, 《불가사리와 거미》, 김정수·김현숙 옮김, 리더스북, 2009.

2— 열일곱 살에 역대 최연소 노벨평화상을 수상한 말랄라는 이후 영국

의 분쟁지역 전문기자와 함께 자전적 글을 펴내며, 에필로그에 이렇게 밝혔다. "우리가 펜과 책을 들 수 있도록 해 주십시오. 그 책과 펜이 세상에서 가장 강력한 무기입니다. 한 명의 어린이가, 한 사람의 교사가, 한 권의 책이, 한 자루의 펜이 세상을 바꿀 수 있습니다." 말랄라 유사프자이·크리스티나 램 지음, 《나는 말랄라》, 박찬원 옮김, 문학동네, 2014; 355쪽.

3— 벨 훅스, 《남자다움이 만드는 이상한 거리감》, 이순영 옮김, 책담, 2017; 52쪽.

4— 윗글, 133쪽.

5— 이것이 '은사'의 본뜻이다. 은사는 바울서신에 많이 사용된 그리스어 '카리스마*charisma*'를 우리말로 옮긴 것인데, 은혜를 뜻하는 '카리스*charis*'가 어원이다. 하나님의 동일한 은혜가 성령의 다양한 은사로 나타난다. 이영재 외, 《일점일획 말씀묵상》 2권: '은사' 참고.

입다의 딸_삶과 죽음을 가른 암호

1— '바퀴벌레'라는 부름말에 주목하게 된다. 인간은 자기와 동급의 인간에게 이런 짓을 저지르기 어렵다. 자기는 인간이지만, 상대방은 인간이 아니라고 인식해야 아무렇지 않게 폭력이 저질러진다. 미국의 철학자 리처드 로티가 이 점을 적시했다. 어제까지만 해도 다정한 이웃으로 지내던 보스니아인들을 향해 세르비아인들이 무자비한 인종청소를 자행한 것은 그들이 보스니아인들을 '짐승'으로 간주한 집단적 편견 곧 '감성'의 산물이지, 합리적 판단의 결과가 아니라는 것이다. 그러므로 가해자의 입장에서는 '인권 침해'라는 도덕적 비난이 어불성설이다. 자신들은 인간이 아니라 '비인간', 말하자면 '짐승'이나 '바퀴벌레'를 제거했을 뿐이니까 말이다. 이처럼 깊이 있는 분석으로 로티는 피해자 중심의 인권 담론이 얼마나 허약한지를 드러냈다. Richard Rorty, "Human Rights, Rationality, and Sentimentality", *Truth and Progress*, Cambridge: Cambridge University Press, 1998: pp.167-185.

2— '동해보복법'은 최초의 성문법으로 알려진 함무라비 법의 근간이다.

고대 메소포타미아 지역에서 주전 1750년경에 집대성된 이 법은 대략 282개의 조문으로 구성되어 있으며, 가족, 상속, 재산, 노예, 채무, 세금 등 오늘날의 민법 및 살인, 강간, 절도, 일탈, 위증, 폭행 등 오늘날의 형법을 골고루 다룬다. 피해자가 입은 피해만큼 가해자에게 되돌려준다는 취지인데, 이는 과잉보복을 금지하기 위한 조치로 풀이된다. 동해보복법은 구약성서(출 21:23-25)에도 등장한다. 하지만 이는 정당방위를 인정하기 위해서가 아니라 어디까지나 계약법전의 맥락에서 사회적 약자를 적극 보호한다는 취지가 더 강하다. 이와 관련해서는, 강성열, "신체훼손과 동해보복법", 〈성서마당〉 63호, 2003: 20-24쪽과 필자의 졸고, "평화의 카이로스: 일상의 폭력 극복을 위한 기독교 윤리학적 성찰", 〈신학논단〉 65집, 2011: 7-39쪽을 볼 것.

3— 김응교, 《백년 동안의 증언》, 책읽는고양이, 2023: 40-53쪽.

4— 윗글, 72-73쪽.

5— 새번역 성경이 '지휘관'과 '통치자'로 번역한 부분을, 개역개정은 '장관'과 '머리'로, 공동번역은 '장군'과 '수령'으로 옮겼다. 어감으로는 공동번역의 표현이 훨씬 와닿는다.

6— 부부 신학자인 갈런드 부부는 입다의 서원기도에 이런 주석을 붙였다. "도대체 무슨 생각으로 그런 맹세를 했을까? … 소도 아니고 사람을 번제물로 드리겠다니? 정말 인신제사를 드릴 생각이었나? 그렇다면 입다는 하나님의 위상을 이방신들의 위치로 끌어내린 셈이다. 왜냐하면 이방인들은 자기들이 원하는 것을 얻어내기 위해 인신제사를 드렸는데, 바로 이런 행위는 하나님과 이방신들을 동격으로 취급한 격이기 때문이다." 데이비드 갈런드·다이애나 갈런드, 《상처받은 딸들의 하나님》, 임금선 옮김, 도마의길, 2008: 209쪽.

다니엘과 세 친구_우상화는 죽음이니

1— 이를테면, 2023년 11월 23일 자 〈경향신문〉에 실린 기사, "전두광, 노태건 이름 바꾼 이유요? 마음껏 하기 위해"를 볼 것; 2023년 12월 1일 자 〈쿠키뉴스〉 역시 "왜 전두환 아닌 전두광일까"라는 제목으

로 김성수 감독의 인터뷰를 실었다.

2— 2012년 구미시는 59억 원을 써서 '박정희 대통령 민족중흥관'을 세웠다. 2013년에는 구미시와 경북도가 879억 원을 들여 '새마을운동 테마공원' 조성사업도 시작했다. 2017년 착공된 '박정희 대통령 역사자료관'에는 200억 원이 사용됐다. '박정희 타운' 건설을 위해 들어간 돈이 무려 1424억 원이 넘는다. 2019년 10월 19일 자 〈한겨레〉 기사를 볼 것.

3— 이 따옴은 2010년 5월 9일 자 〈신아일보〉 기사에 기대었다. 현재 박정희 동상은 박정희 타운에만 있는 것이 아니다. 구미시 구미초등학교(5미터), 포항 문성리 새마을운동발상지기념관(좌상), 경주 보문관광단지 관광역사공원(1.8미터짜리와 좌상), 청도 신도마을(1.75미터) 외에 동대구역(3미터), 경남도청 앞 천년숲공원(8미터), 영남대학교(2.5미터)까지 경북도에만 모두 9개가 세워져 있다.

4— 마케도니아 제국의 알렉산더 왕이 죽은 뒤에 그의 제국은 여럿으로 쪼개졌다. 이집트는 프톨레미 장군이 차지하고, 바빌론은 셀레우코스에게 넘어갔다. 유대는 먼저 프톨레미 왕조의 지배를 받았는데, 프톨레미 왕조가 관용정책을 편 탓에, 히브리어 성경을 그리스어로 번역할 수 있었다(이른바 '70인역 성서'라 부른다). 그러나 주전 200년 셀레우코스 왕조의 안티오쿠스 3세가 프톨레미 왕조로부터 유대를 빼앗아 통치하기 시작하면서 분위기가 험해졌다. 처음에 우호적이던 몸짓이 안티오쿠스 4세에 이르러 돌변했다. 이와 관련해서는, 류호성, "유대고대사 12권의 이야기—칠십인역의 탄생과 마카비 혁명", 〈성서마당〉 104호, 2012: 107-120쪽을 볼 것.

5— 윗글, 111-112쪽.

6— 다니엘은 '하나님은 나의 심판자', 벨드사살은 '벨(Bell, 바알 또는 마르둑을 가리킴) 신이 총애하는 자', 하나냐는 '야훼는 은혜로우시다', 사드락은 '태양신을 경배하는 자'라는 뜻이다. 미사엘은 '누가 하나님과 같으랴', 메삭은 '누가 당신과 같으랴', 아사랴는 '야훼께서 도우신다', 아벳느고는 '느고(불의 신)의 신실한 종'이라는 뜻이다.

7— 정현종, 《한 꽃송이》, 문학과지성사, 1992: 18쪽.

2부 아름다움이 세상을 구원한다

리스바_복수혈전을 멈추라

1— 당시 신문 여러 기사를 볼 것.

2— 일찍이 나는 '첨단'으로 포장된 과학기술이 인간을 구원한다는 명제에 딴죽을 걸었었다. 가치의 중립성과 지식의 객관성을 표방하는 과학 역시 자본의 논리에서 자유로울 수 없기 때문이다. 나의 졸고, "이제는 생명의 노래를 불러라: 21세기 유배지에서 살아남기 위한 여성신학적 제언", 〈신학사상〉 128집, 2005: 155-175, 특히 161-162쪽을 볼 것.

3— 기독교 윤리의 틀에서 전쟁과 관련한 논의는 '정당전쟁론Just War theory'이니 '성전론Holy War theory'이니 다양하게 개진되어 왔지만, 나는 전쟁보다 평화에 더욱 마음을 써야 한다는 생각이다. 성서가 말하는 평화는 단순히 '전쟁이 없는 상태(에이레네)'가 아니다. 정의의 열매로 주어지는 공동체의 안녕('샬롬')이다. 나의 글, "평화의 카이로스", 18-21쪽; 허먼 핸드릭스, 《성서로 본 평화와 폭력》, 이현주 옮김, 분도, 1988도 볼 것.

4— 이 대목에서 나는 구약성서에 나오는 가나안 정복 이야기를 숙고할 필요가 있다고 본다. 야훼 하나님이 가나안 일곱 종족을 남녀노소 불문하고 모조리 진멸하라는('헤렘') 명령은 문자 그대로 사실일까? 이에 대해 곽건용은 '헤렘'이 사실이기보다 '판타지'에 가깝다고 분석한다. 나아가 '헤렘'보다 위에 있는 원칙, 곧 '언약'을 보아야 한다고 강조한다. 언약신학이 상위에 있기에, 라합과 기브온 사람들은 비록 가나안 사람이었지만 헤렘되지 않고 살아남았다. 결국 그는 헤렘을 '공존하되 동화되지 말라'는 뜻으로 이해한다. 곽건용, 《정말 야훼가 다 죽이라고 명령했을까?》, 꽃자리, 2023.

5— 민중신학자 김진호의 말을 그대로 따와 보자. "우리는 여기서 이 형제가 각기 한 족속을 상징적으로 대표한다는 점을 유념하지 않을 수 없다. 곧 이들의 갈등 이야기에는 두 족속 간의 반목이 전제됐고, 이들의 화해에는 족속의 화해에 대한 소망이 담겼을 것이기 때문이다. 애증의

역사를 적대감의 증폭으로 발전시키는 것이 아니라, 화해로 귀결시키려는 소망 말이다." 김진호, 《인물로 보는 성서 뒤집어 읽기》, 삼인, 2010: 51쪽.

6— 나는 리스바 이야기를 전태일의 어머니 이소선 여사나 맹골수도에 자식을 묻은 세월호 어머니들과 연관 지어 글을 쓴 적이 있다. 나는 '가만히 있으라'고 윽박지르는 불온한 세상을 향해 리스바가 '뜨거운 돌'을 던지고 있다고 믿는다. 구미정, "세월호와 함께 침몰한 한국사회의 인권: 문학과 신학의 한 대화", 〈현상과 인식〉 39권 1/2호, 2015: 17-41쪽.

이삭_네가 왜 거기서 나와

1— 이와 관련해서는 2022년 8월 19일 자 〈한겨레〉 기사가 큰 도움이 된다. '더the 친절한 기자들' 꼭지에서 이재훈 기자가 "표현의 자유인가, 가진 자의 조롱인가"라는 제목으로 샤를리 에브도 논쟁을 정리했다.

2— 주민들이 사원 건립 반대 움직임을 본격화하자 구청이 민원 해결을 이유로 공사 중지 행정명령을 내렸다. 이에 무슬림 유학생들은 행정명령 철회 소송을 벌였고, 1, 2심에 이어 2022년 9월 대법원에서도 최종 승소했다. 그러자 이에 불복한 주민들이 공사 현장 앞에 돼지머리를 놓아두는가 하면, 기도시간에 맞춰 바비큐 파티를 벌이는 등 공사를 방해했다.

3— 2층까지 올라간 사원 건립은 현재까지 계속 중단 상태로 있다. 작년 초 검찰은 공사 현장 앞에 돼지머리를 두어 공사를 방해한 혐의로 송치된 주민 두 명에 대해 '무혐의' 판결을 내렸다. 이 판결로 '비대위'의 목소리는 더욱 높아졌다. 2024년 1월 25일 자 〈한겨레〉에 실린 기사를 볼 것.

4— 다른 글에서 나는 "신앙을 갖는다는 건 사사로운 개인에서 공공의 사람으로 거듭난다는 의미를 함축한다. 이기스러운 존재가 이타스러운 존재로 변신한다. 이러한 존재론적 혁명을 거치지 않고는 하나님과의 관계를 회복할 수가 없다"고 썼다. 구미정, 《그림으로 신학하기》, "나그네" 편, 35쪽.

5— 랍비 조너선 색스는 이 대목이 토라(모세 5경) 전체에서 가장 강력한 감정 묘사 중 하나라고 지적한다. 이는 우리의 예상을 뒤엎는데, 왜냐하면 우리는 토라가 '선택받은 자들', 그러니까 이삭에게 동점심을 불러일으킬 것으로 기대하기 때문이다. 하지만 토라는 거부당한 하갈과 이스마엘에게 "공감하도록 거의 강요하다시피 하고 있다." 조너선 색스, 《오경의 평화 강론》, 김대옥 옮김, 한국기독교연구소, 2023: 60쪽.

6— 이 대목에서 문득 궁금하다. 왜 이스마엘이 아니라 이삭인가? 나아가 왜 에서가 아니라 야곱인가? 통상의 교조적인 이해와 해석을 뒤엎고, 랍비 조너선 색스는 이렇게 주해한다. "이삭과 야곱은 자연인이 아니었다. 즉 들판, 사냥, 포식자와 피식자의 검투사 게임에 어울리지 않았다. 그들은 자신의 힘과 기술로 살아남을 수 있는 이스마엘과 에서가 아니었다. 그들은 생존을 위해 하나님의 영이 필요한 사람들이었다." 윗글, 64쪽.

7— 장소와 관련된 깊이 있는 통찰과 해석은 랍비 조너선 색스에게서 얻은 것이다. 조너선 색스, 《하나님 이름으로 혐오하지 말라》, 김준우 옮김, 한국기독교연구소, 2022: 161-188쪽 참고.

8— Midrash Hagadol, *Gen.* 24:62; 조너선 색스, 《하나님 이름으로 혐오하지 말라》, 182쪽에서 다시 따옴.

야곱_남의 발뒤꿈치 잡는 인생

1— 2005년에 제정된 남북관계발전법은 전단 살포 행위 등을 하는 경우 3년 이하의 징역 또는 3000만 원 이하의 벌금으로 처벌한다고 되어 있었다. 그러나 2023년 9월 헌법재판소는 7대 2의 판결로 '해당 법이 표현의 자유를 제한한다'고 위헌 결정을 내렸다. 2023년 9월 26일 자 〈한겨레〉 기사를 볼 것.

2— 이때 나온 구호가 "힘에 의한 평화"다. 윤석열은 임기 내내 이 구호를 남용했다. '팍스 로마나' 혹은 '팍스 아메리카나'를 연상케 하는 이 구호야말로 가장 반反평화적이라고 나는 생각한다. 평화는 예수의 구원사역을 통해 주어지는 하나님의 선물이기 때문이다. 나의 졸고, "평화의

카이로스", 19-21쪽.

3— 난 멜링거, 《고기》, 임진숙 옮김, 해바라기, 2002.

4— 다시 랍비 조너선 색스의 아름다운 문장을 소환하지 않을 수 없다. 평화의 눈으로 성서를 읽은 덕에 템플턴상(2016년)을 받은 그는 이렇게 적었다. "레슬링 시합과 같은 믿음이 있다. 우리는 의심과 망설임, 무엇보다도 우리가 다른 사람들이 생각하는 것만큼 위대하지 않거나 하나님이 원하시는 만큼 크지 않다는 두려움과 씨름한다. 그러한 경험을 통해 우리는 야곱처럼 절뚝거릴 수 있다." 조너선 색스, 《오경의 평화 강론》, 69-70쪽.

5— 우리말 성경은 에서와 야곱의 말에서 차이를 발견하기가 어렵다. 개역개정은 두 군데 모두 똑같이 '족하다'는 표현을 썼고, 새번역은 '넉넉하다'는 단어를 사용했다. 그러나 히브리어 원문은 다르다. 에서는 '라브' 곧 '많이' 가졌다고 말하는데, 야곱은 '콜', '전부', '모두' 갖고 있다고 고백한다. 영어 성경의 경우, 옛날 번역본(KJV)에서는 두 군데 모두 '충분하다'는 뜻의 'enough'가 쓰였지만, 현대 번역본(NIV, CEV)에서는 에서의 말에 '많이plenty', 야곱의 말에 '모두all'라는 단어를 사용하여 차이를 두고 있다. 이와 관련한 통찰은 랍비 조너선 색스, 《하나님 이름으로 혐오하지 말라》, 2022: 202쪽, 달음 5 참고.

6— '머뭇거림'이라는 단어를 쓸 때 나는 시몬 베유를 떠올린다. 그녀는 도덕적 갈등과 선택 앞에서, 그리고 하나님에 대한 순전한 믿음 안에서 머뭇거리는 태도를 '서슴없음'보다 높이 평가하며, '머뭇거림'을 자신의 한계를 인정하는 조심스러움과 타자의 존재를 있는 그대로 받아들이려는 주의력으로 해석했다. 시몬 베유, 《중력과 은총》, 윤진 옮김, 이제이북스, 2008: 15-23, 193-204 등 여러 곳을 볼 것; 시몬 베유, 《신을 기다리며》, 이창실 옮김, 복있는사람, 2025 참고.

요셉_어떤 비극이 닥쳐도 괜찮아

1— '베냐민'은 애매한 이름이다. '오른손의 아들'이라고 새기면 엄청 중요한 아들이라는 뜻이고, '남쪽의 아들'이라고 새기면 그냥 남쪽으로 내

려가던 길에 낳은 아들이라는 뜻이다.

2— 지강유철, 《요셉의 회상》, 홍성사, 2002: 45쪽. 같은 제목으로 개정판(비전북, 2025)이 출간되었다.

3— 구미정, 《두 글자로 신학하기》, 포이에마, 2013: '질투' 부분 참고.

4— 지강유철, 《요셉의 회상》, 58쪽.

5— 랍비 조너선 색스, 《오경의 평화 강론》, 2023: 80쪽.

6— 윗글, 79쪽.

나아만의 포로 소녀_사는 것도 순교이니라

1— 김소윤, 《난주》, 은행나무, 2018: 7쪽.

2— 윗글, 19쪽.

3— 메리 더글라스, 《문학으로 읽는 레위기》, 이윤경 옮김, 시대가치, 2023: 228쪽.

4— 김소윤, 《난주》, 214쪽.

5— 윗글, 245쪽.

막달라 마리아_아름다움이 세상을 구원한다

1— 르네 지라르, 《희생양》, 김진석 옮김, 민음사, 2007.

2— 르네 지라르, 《문화의 기원》, 김진석 옮김, 기파랑, 2006: 80-81쪽.

3— 조르조 아감벤, 《호모 사케르: 주권 권력과 벌거벗은 생명》, 박진우 옮김, 새물결, 2008.

4— 샤를 페팽, 《아름다움이 우리를 구원할 때》, 양혜진 옮김, 이숲, 2021: 21쪽.

5— 학자들은 복음서에 등장하는 '향유 부은 여인'이 막달라 마리아를 가리킨다고 입을 모은다. 우리가 흔히 부르는 찬송가, "값비싼 향유를 주께 드린"(새찬송가 211장)에도 '막달라 마리아'가 등장한다. 하지만 정작 마가복음과 마태복음에는 '베다니'라는 지명만 등장할 뿐, '향유 부은 여인'의 이름이 나오지 않는다. 그녀가 향유를 부은 위치도 '발'이 아니라 '머리'다. 이는 그녀의 행위가 제사장이나 예언자에 버금간다는 뜻이

다. 미국 하버드 신학대학원에서 신약성서학을 가르치는 엘리자베스 쉬슬러 피오렌자는 이 부분에 주목한다. 예수의 '메시아 대관식'을 거행한 그녀의 이름이 누락된 것에 노골적으로 불만을 제기한다. 그러나 나는 예수의 '발'에 향유를 붓고 자기 머리털로 닦은 요한복음의 마리아도 재평가되어야 한다고 생각한다. 이와 관련해서는 Elizabeth Schüssler Fiorenza, *In Memory of Her: A Feminist Theological Reconstruction of Christian Origins* (New York: Crossroad, 1988), 우리말 번역은 엘리자베스 쉬슬러 피오렌자, 《그女를 기억하며: 기독교의 기원들에 대한 페미니스트 신학적 재구성》(조선영 옮김, 감은사, 2024)을 보라. 나의 졸저, 《교회 밖 인문학 수업》, 12장도 참고.

6— 구미정, 《교회 옆 미술관》, 비아토르, 2024: 179쪽.

7— 러시아의 대문호 표도르 도스토옙스키의 장편소설 《백치》에서 주인공 미쉬킨 공작이 자주 하는 말이다.

호세아_그 섬에 가고 싶다

1— 박노해, 《사람만이 희망이다》, 해냄, 1998: 22쪽.

2— 류근, 《상처적 체질》, 문학과지성사, 2010: 118쪽.

3— 구미정, 《그림으로 신학하기》, 서로북스, 2021: 81-82쪽 참고.

4— 도날드 W. 맥컬로우, 《하찮아진 하나님?》, 박소영 옮김, 대한기독교서회, 1996: 11쪽.

5— 아모스 오즈, 《광신자 치유》, 노만수 옮김, 세종서적, 2017: 83쪽.

6— '자기 속으로 구부러진 인간 *Homo incurvatus in se*'은 교부신학자 아우구스티누스와 종교개혁자 마르틴 루터, 그리고 히틀러에 저항한 독일 신학자 디트리히 본회퍼가 인간의 죄성으로 꼽은 심성이다.

7— 정현종, 《비스듬히》, 문학판, 2020: 123쪽.

8— 김탁환, 《사랑과 혁명》1, 해냄, 2023: 135쪽.

9— 정현종, 〈섬〉, 《섬》, 문학판, 2015: 17쪽.

10— 한국인에게 익숙한 이 시는 러시아의 천재 시인 알렉산드르 푸시킨의 작품이다.

낮은 자리에서 보이는 것들

구미정 지음

2025년 5월 21일 초판 발행

펴낸이 김도완
등록번호 제2021-000048호
　　　　　(2017년 2월 1일)
전화 02-929-1732
전자우편 viator@homoviator.co.kr

펴낸곳 비아토르
주소 서울시 종로구 삼일대로 428, 500-26호
　　　 (우편번호 03140)
팩스 02-928-4229

편집 이현주
제작 제이오

디자인 즐거운생활
인쇄 (주)민언프린텍　　　　　　　**제본** 다온바인텍

ISBN 979-11-94216-16-2　03230　　**저작권자** ⓒ구미정, 2025